미술교육원, 유치원,
초등학교 선생님을 위한

초등 미술 수업 놀이 가이드 북

미술교육원, 유치원, 초등학교 선생님을 위한

초등 미술 수업 놀이 가이드북

제1판 제1쇄 인쇄 2020년 01월 03일
제1판 제1쇄 발행 2020년 01월 15일

지은이 이혜진 **발행인** 조헌성 **발행처** (주)미래와경영
ISBN 978-89-6287-202-6 03370 **값 24,000원**
출판등록 2000년 03월 24일 제25100-2006-000040호
주소 (08590) 서울특별시 금천구 가산디지털1로 84, 에이스하이엔드타워 8차 1106호
전화번호 02) 837-1107 **팩스번호** 02) 837-1108
홈페이지 www.fmbook.com **이메일** fmbook@naver.com

■ 좋은 책은 독자와 함께합니다.
책을 펴내고 싶은 소중한 경험이나 지식, 아이디어를 이메일 fmbook@naver.com로 보내주세요.
(주)미래와경영은 언제나 여러분께 열려 있습니다.

미술교육원, 유치원,
초등학교 선생님을 위한

가이드 북

초등 미술 수업 놀이

이혜진 지음

미래와경영

프롤로그

4차 산업혁명 시대가 도래하면서
예술, 감성적 능력이 무엇보다 큰 핵심 역량으로 자리잡았습니다.
그와 동시에 미술 교육의 역할과 필요성 또한 증대하였으나
여전히 한국의 미술 교육은 이렇다 할 변화 없이 흘러가고 있습니다.
세계 각 분야의 전문가들은 모든 산업 분야가
발전을 이루기 위해서는 미술 교육이
제대로 이루어져야 한다고 주장하고 있지만
미술 교육의 필요성은 항상 등한시되고 있는 실정입니다.

"모든 것이 숫자로 기록되는 세상"

키, 몸무게, 성적, 경력… 세상은 뭐든 숫자로 기록하길 좋아합니다.
하지만 용기, 인성, 배려, 사랑, 이해 등의 가치는
숫자로 환산할 수도, 그것을 판단할 만한 객관적 지표도 존재하지 않습니다.
세상엔 그 밖에도 보이지 않는 것이
우리가 볼 수 있는 것보다 훨씬 더 많이 존재합니다.
미술 교육을 통한 성장도 마찬가지입니다.
세상을 변화시키고 새 시대의 포문을 여는 건
성적표에 찍혀 있는 숫자들처럼 모두가 쉽게 볼 수 있는 것이 아니라
아이의 손 끝에서 뿜어져 나오는 무한한 상상력과
그것을 볼 줄 아는 영혼의 눈이라는 것을 우리는 알아야 합니다.

"보이지 않는 것을 볼 수 있는 아이가 세상을 바꾼다."

4차 산업혁명 시대에 새로운 미술 교육의 패러다임으로 떠오를
'아티스틱 밸런스'는 창조, 사고, 감성, 경험, 표현 - 다섯 가지 영역의
밸런스, 즉 조화를 강조합니다.

세상을 나만의 새로운 시각으로 바라볼 줄 아는 '창조 밸런스'
다양한 관점에서 문제를 해결할 줄 아는 '사고 밸런스'
삶에서 느껴지는 다양한 감정을 주체적으로 컨트롤할 줄 아는 '감성 밸런스'
다양한 경험을 토대로 성장의 발판을 마련하는 '경험 밸런스'
미술 활동에서 얻은 다양한 기술과 영감을 삶 속에 적용하여
삶의 풍요를 도모할 줄 아는 '표현 밸런스'가 그것입니다.
우리의 신체가 건강하기 위해 5대 영양소를 고루 갖춰야 하듯
우리 영혼의 영양소인 '아티스틱 밸런스'를 고루 갖춘 아이가
미래 사회의 주역이자 자신의 삶을 주도적으로 설계해 나갈 수 있는
'라이프 오브 디렉터'로 성장하는 것입니다.

'라이프 디렉터'를 창출해내는 '미술' 교육의 '마술' 같은 힘

이 책의 다양한 프로그램은 단순히 아이의 드로잉 실력을 향상하는 데
목적을 두는 것이 아니라 아니라
세상 속에 숨겨진 아름다움을 발견하는 능력인
'아티스틱 밸런스'를 고루 갖춘 인재를 양성하여
급변하는 세상 속에서 시간의 물결에 휩쓸리지 않고
삶을 주관적으로 설계해 나가는 '라이프 디렉터'로 키워내기 위함입니다.
더 나아가 지금 이 시간에도 현장에서 고군분투하는 미술 선생님들과 비전공자 선생님들이
쉽고 재미있게 미술을 가르칠 수 있도록
이 책이 미술 교육의 지침으로 쓰여지길 조심스레 희망해봅니다.

이 책이 나올 수 있도록 힘써주신 필아트 전 직원분들과 R&D 사업부 그리고 원장님들께
감사의 말씀을 올리며 글을 마칩니다.

저자 **이혜진**

CONTENTS

CHAPTER 03

알쏭달쏭, 무엇이 있을까? – 상상화

CHAPTER 04

놀이랑 미술이랑 다 함께 놀아요 – 놀이미술

PART 02

CHAPTER 01 기본기를 탄탄히! - 기초 드로잉

CHAPTER 02 옛날 옛적에는 무엇을 그렸을까? - 민화와 초충도

CHAPTER 06 다양한 미술의 세계

PART 01

CHAPTER 01

어떤 모양으로 변할까?
- 연상화

같은 그림, 다른 느낌

무엇을 배울까요?

① 액션 페인팅 기법으로 작품을 만들어 봅니다.

② 하나의 그림을 두 가지의 상반된 느낌으로 표현해 봅니다.

③ 추상화의 개념을 이해하고 추상화의 대표 작가들을 알아봅니다.

준비해 보아요

채색 도구, 색지, 가위, 칼, 풀, 높이가 있는 박스, 시청각 자료(액션 페인팅 작품 사진, 추상주의 대표 작가들의 활동 영상 등)

생각상자를 열어 보아요

1. 도입

오늘은 조금 특별한 방식으로 작품을 만들 거예요. 액션 페인팅이라는 단어를 들어 본 적 있나요?

2. 전개

① 액션 페인팅이란 무엇일까요?

② 액션 페인팅을 해 본 적이 있나요?

③ 붓에 물감을 묻힌 후 종이에 뿌리면 어떤 모양이 나타날 것 같나요?

④ 액션 페인팅 기법으로 무엇을 표현해 보고 싶나요?

⑤ 액션 페인팅의 대표적인 작가로는 누가 있을까요?

3. 마무리

나의 무의식이 가는 대로 액션 페인팅을 해 보고, 이를 통해 탄생한 우연의 효과를 하나의 작품으로 승화해 봅니다.

자, 시작해 볼까요?

1. 스케치하기

• 표현 대상 하나를 선택하여 색지 위에 스케치합니다.

활용 Tip

• 주위에서 볼 수 있는 것, 좋아하는 것, 평소에 그려 보고 싶었던 것 중 한 가지를 선택합니다.
• 그림과 같이 표현 대상의 외곽선만 그리도록 지도하세요.

2. 박스 안에 스케치 넣기

• 준비한 박스 안에 완성된 스케치를 넣어 줍니다.

활용 Tip

• 어느 정도 높이가 있는 박스를 선택하는 것이 좋습니다.
• 박스 안에 스케치를 넣지 않고 액션 페인팅을 할 경우 사방에 물감이 튈 수 있으니 주의하세요.

3. 액션 페인팅

- 팔레트에 원하는 색의 물감을 짭니다.
- 붓에 물감을 묻힙니다.
- 스케치 위에 무의식이 가는 대로 물감을 뿌리거나 흘려 줍니다.

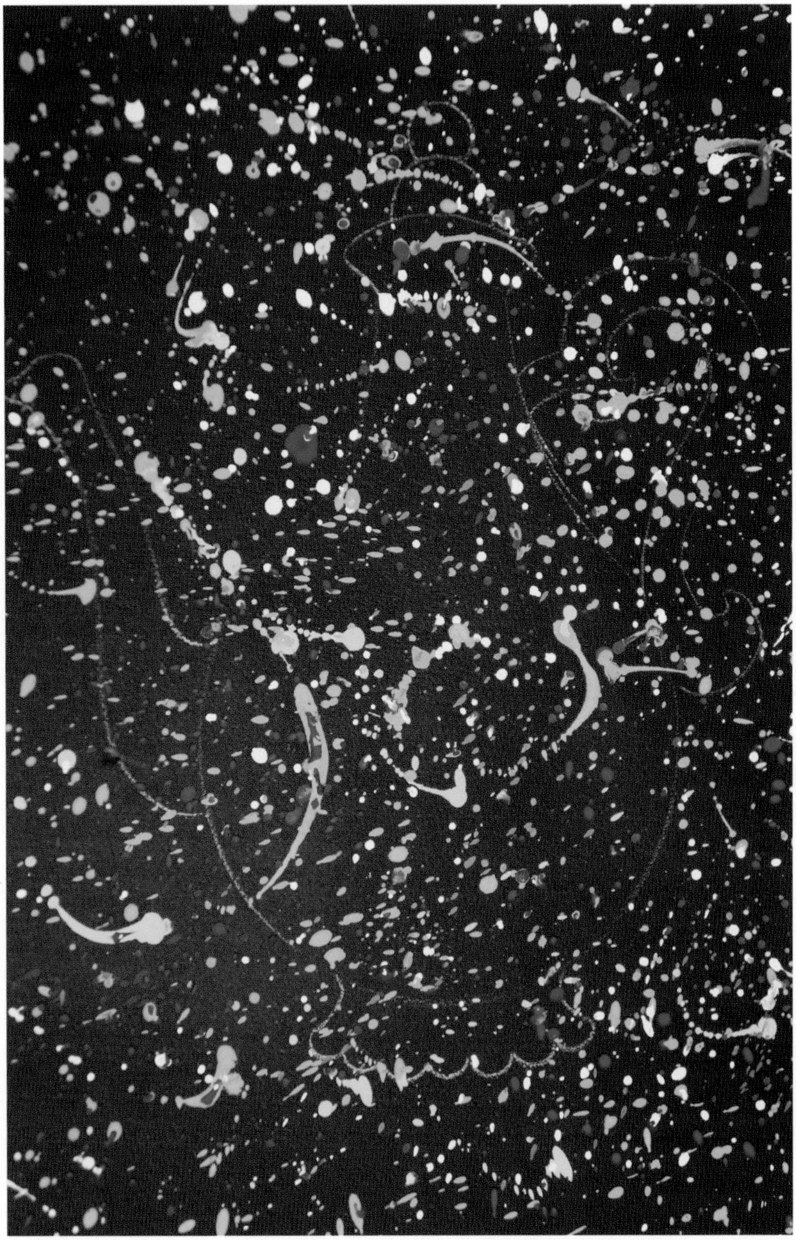

활용 Tip

- 스케치에 직접 붓을 댄 후 짓누른다거나 색칠을 하는 등 인위적인 형태를 만들지 않도록 지도하세요.
- 꼭 팔레트를 사용하세요.

4. 그림 오리기

- 칼과 가위를 이용해 외곽선을 따라 그림을 오립니다.
- 스케치북 위에 붙입니다.

활용 Tip

- 칼을 사용할 땐 반드시 안전 장갑을 착용하도록 지도하세요.
- 저학년은 반드시 선생님의 도움을 받을 수 있도록 하세요.

5. 스케치하기

• 흰 색의 공간에 연상되는 것들을 자유롭게 그립니다.

6. 색칠하기

• 사인펜, 물감, 색연필 등의 채색 도구를 사용하여 자유롭게 색칠합니다.

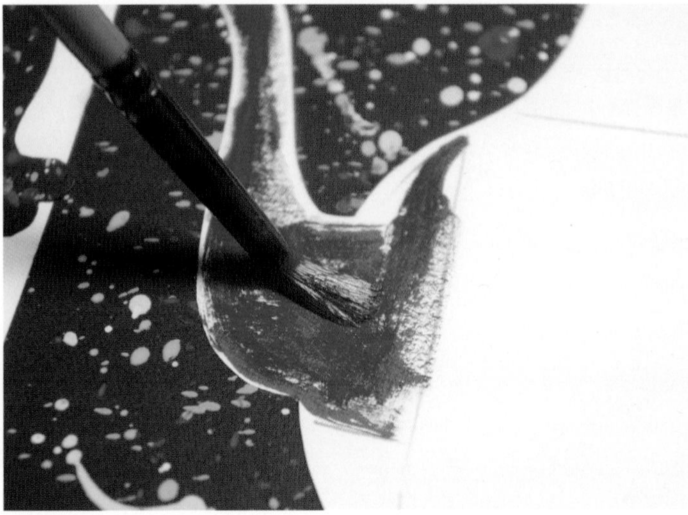

활용 Tip

• 물감의 농도를 되게 하여 채색하면 마크로스코 작품과 더욱더 가까운 느낌을 낼 수 있습니다.
• 물의 양을 조절할 땐 휴지를 사용하여 붓의 물기를 덜어 주세요.

7. 마무리하기

• 완성된 작품을 친구들에게 소개합니다.

활용 Tip

• 친구의 작품과 나의 작품을 비교해 보고 친구는 어떤 물감을 사용했는지, 어떤 기법을 사용하여 작품을 꾸몄는지 살펴봅니다.
• 친구의 작품 속에서 추상적으로 표현된 부분을 찾아봅니다.

새롭게 알게 됐어요

■ 추상화

눈에 보이는 형상을 모방 및 재현하는 방식을 벗어나 점, 선, 면, 색채의 순수 조형 요소로 구성한 회화를 의미합니다. 대표 작가로는 잭슨 폴록, 마크로스코 등이 있습니다.

❶ 잭슨 폴록 : 미국의 대표적인 추상표현주의 화가입니다. 커다란 캔버스 위에 물감을 튀기고, 흘리고, 끼얹고, 쏟아부으면서 몸 전체를 이용하여 그림을 그리는 액션 페인팅을 선보인 것으로 유명합니다.

❷ 마크로스코 : 러시아 출신의 미국 화가로 커다란 캔버스에 모호하고 불분명한 경계선의 색면을 채움으로써 인간의 다양한 감정을 표현한 것이 특징입니다.

■ 액션 페인팅

우연의 효과에 미의식과 주관을 불어넣어 하나의 작품으로 표현하는 기법을 의미합니다. 우연에 의해 생겨난 모양을 이용하는 기법 그 자체를 목적으로 하며 작품의 미적 가치보다 제작 행위와 그 과정에 가치를 두고 있습니다.

마스킹 테이프의 색다른 변신

무엇을 배울까요?

① 우연의 효과에 대해 배워 봅니다.

② 마스킹 테이프를 미술 도구로 활용해 봅니다.

③ 연상 드로잉을 통해 창의력과 추상적 사고력을 기를 수 있습니다.

④ 그라데이션 기법을 배워 봅니다.

준비해 보아요

마스킹 테이프, 도화지, 채색 도구, 가위

생각상자를 열어 보아요

1. 도입

① 마스킹 테이프를 본 적 있나요?

② 오늘은 마스킹 테이프를 이용해서 멋진 그림을 만들 거예요. 마스킹 테이프를 이용해 미술 작품을 만들 수 있다니 참 신기하지 않나요?

2. 전개

① 마스킹 테이프는 무엇일까요?

② 마스킹 테이프와 일반 테이프의 차이점은 무엇일까요?

③ 마스킹 테이프를 사용해 본 적 있나요?

④ 마스킹 테이프를 어디에 사용하면 좋을까요?

⑤ 마스팅 테이프로 어떤 도형을 만들 수 있을까요?

3. 마무리

마스킹 테이프의 특별한 변신을 통해 내가 하고 싶은 이야기를 추상적으로 표현해 봅니다.

자, 시작해 볼까요?

1. 마스킹 테이프 붙이기

• 도화지에 마스킹 테이프를 자유롭게 붙입니다.

활용 Tip

• 짧은 선, 긴 선, 두꺼운 선, 얇은 선 등 길이와 두께를 다양하게 연출할 수 있도록 지도하세요.

2. 색칠하기

• 배경을 수채 물감으로 색칠합니다.

활용 Tip

• 칸마다 각기 다른 색으로 색칠할 수 있도록 지도하세요.
• 두 가지나 세 가지 색을 이용하여 그라데이션 효과를 내 봅니다.
• 물감의 농도를 조절하여 명암을 줍니다.

3. 마스킹 테이프 떼기

• 물감이 완전히 마르고 나면 마스킹 테이프를 뗍니다.

활용 Tip

• 물감이 번질 수 있으니 반드시 마른 후 떼어내도록 합니다.

• 도화지가 찢어지지 않도록 주의하세요.

4. 스케치하기

• 어떤 것을 그릴지 이미지를 떠올리면서 스케치합니다.

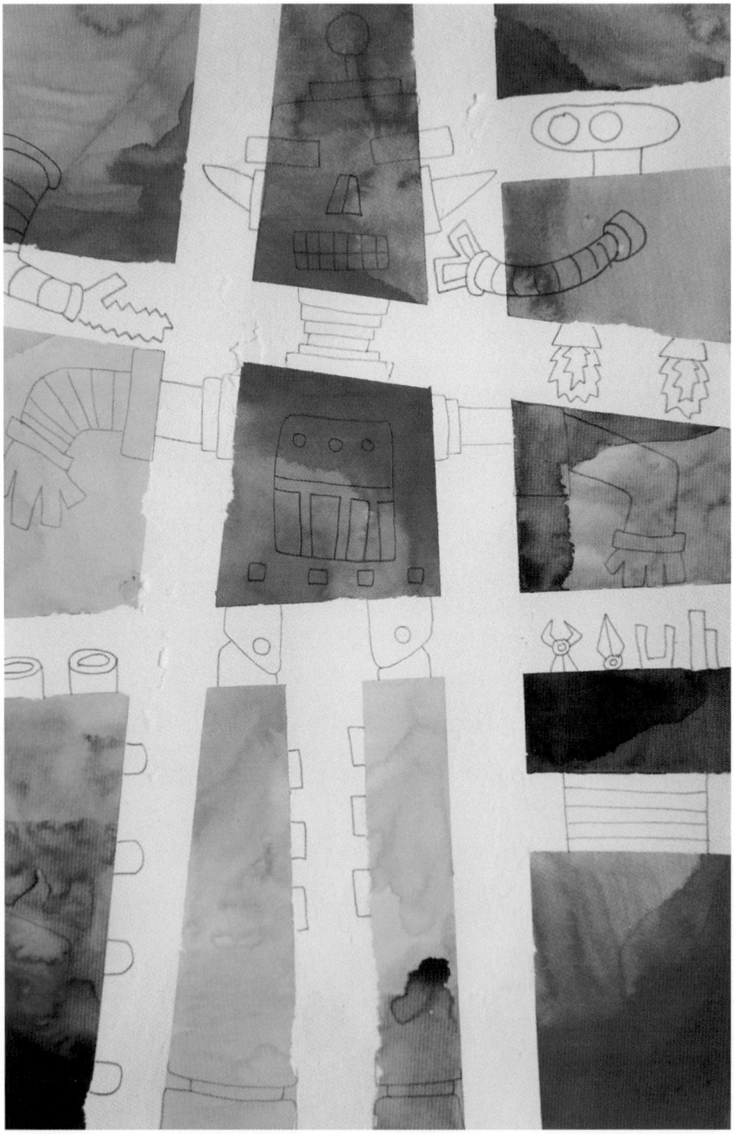

활용 Tip

• 도형이 지닌 특징을 활용하여 그림을 그립니다.
• 마스킹 테이프가 떨어져 나간 자국을 도로로, 사각형의 공간은 상가 등의 건물이 위치한 공간으로 바꾸는 등 사각형의 공간들을 바라보면서 하나의 그림을 연상할 수 있도록 추상적 사고를 유도하세요.

5. 라인 그리기

• 펜으로 라인을 그린 후 스티커, 색연필, 펜 등을 이용하여 꾸며 줍니다.

활용 Tip

• **다양한 도구**(스티커, 색종이, 테이프, 실, 단추 등)**를 사용할수록 작품이 더욱 풍부해집니다.**

새롭게 알게 됐어요

■ 마스킹 테이프

벗겨내기 쉬운 접착제를 칠한 테이프를 말합니다. 일반적으로 경계선을 깨끗하게 처리하기 위해 사용합니다.

■ 연상

하나의 관념, 대상, 문자, 기호를 보고 새로운 관념을 떠올리는 것을 의미합니다.

■ 추상적 사고

어떠한 대상을 바탕으로 추론이나 유추를 하거나 추론한 내용들 사이의 논리적 관계를 설정하는 사고를 의미합니다.

❶ 추론 : 이미 알고 있는 정보를 바탕으로 다른 판단을 이끌어 내는 것을 말합니다.

❷ 유추 : 같은 종류, 비슷한 종류를 바탕으로 다른 사물의 정체성을 추측하는 것을 말합니다.

■ 그라데이션

색을 단계적으로 점점 엷게 하거나 진하게 하는 기법을 말합니다.

미로를 찾아라!

무엇을 배울까요?

① 판화의 종류에 대해 배워 봅니다.

② 연상 드로잉을 통해 추상적 사고와 창의력을 길러 봅니다.

③ 주변에서 흔히 볼 수 있는 일상적인 소품을 활용하여 새로운 작품을 만들어 봅니다.

준비해 보아요

로울러 역할을 할 수 있는 단단한 심(랩심, 호일심, 휴지심 등), 접착 팰트지, 다양한 미로 사진, 가위, 채색 도구, 도화지

생각상자를 열어 보아요

1. 도입

① 오늘은 꾸불꾸불 알쏭달쏭 미로를 만들어 볼 거예요.

② 미로는 무엇일까요?

2. 전개

① 미로 속에 갇혀 본 적 있나요?

② 만화나 영화 속에서 미로를 본 적 있나요? 무엇으로 만들어진 미로였나요?

③ 만약 미로 속에 갇힌다면 어떤 기분이 들까요?

④ 만약 미로 속에 빠진다면 어떤 방법으로 미로를 탈출하는 것이 좋을까요?

⑤ 만약 친구가 미로 속에 빠진다면 어떤 방법으로 구출할 수 있을까요?

3. 마무리

팰트지와 휴지심 등을 이용하여 판화 기법으로 미로를 만들어 보면서 새로운 기법을 통해 표현력과 창의력을 길러 봅니다.

자, 시작해 볼까요?

1. 접착 펠트지 자른 후 붙이기

• 접착 펠트지를 자른 후 준비한 심 위에 펠트지를 자유롭게 붙입니다.

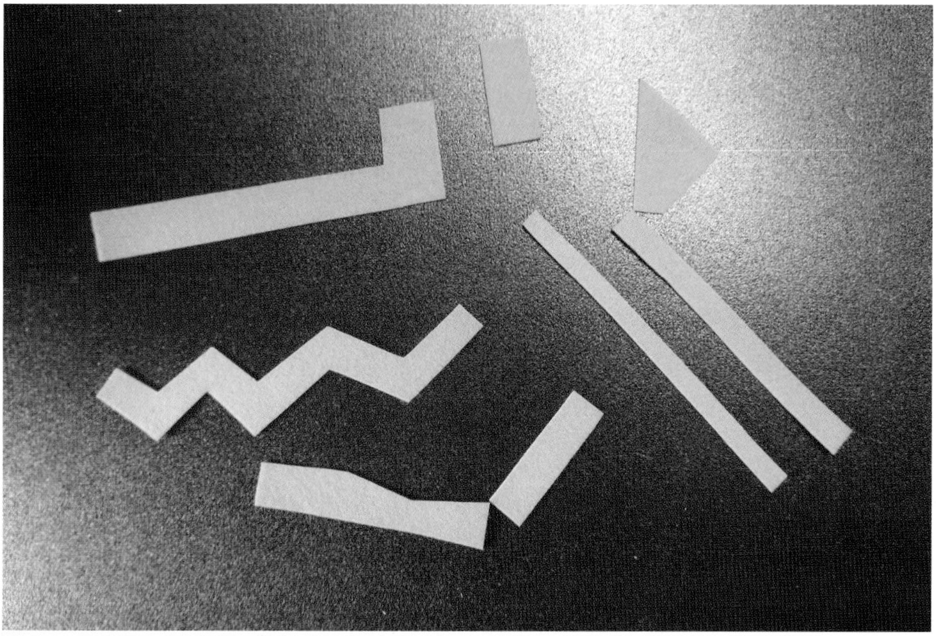

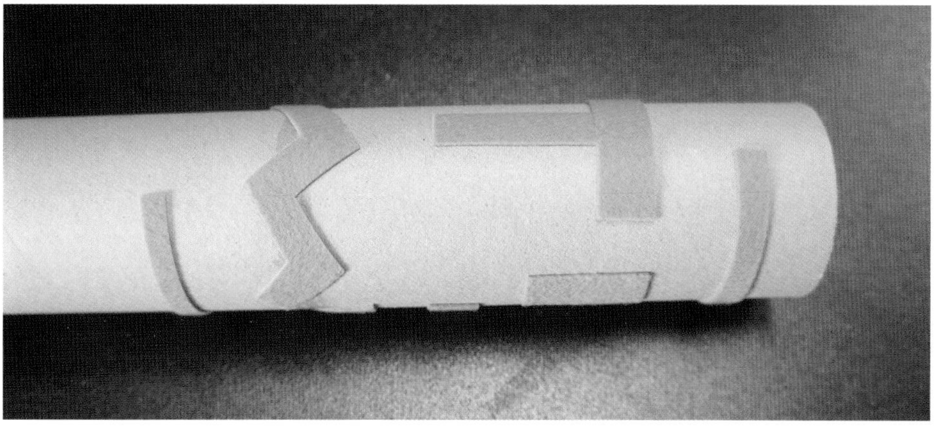

활용 Tip

• 접착 펠트지를 자를 때 직선, 곡선, 삐뚤빼뚤한 선, 형이상학적인 모양의 선 등 다양한 모양으로 자를 수 있도록 지도하세요.
• 심 위에 펠트지를 붙일 때 일정한 간격을 두고 붙이세요.
• 펠트지를 엇갈리게 붙일수록 미로를 표현하는 데 효과적입니다.

2. 색칠하기

• 펠트지를 그림과 같이 물감으로 색칠합니다.

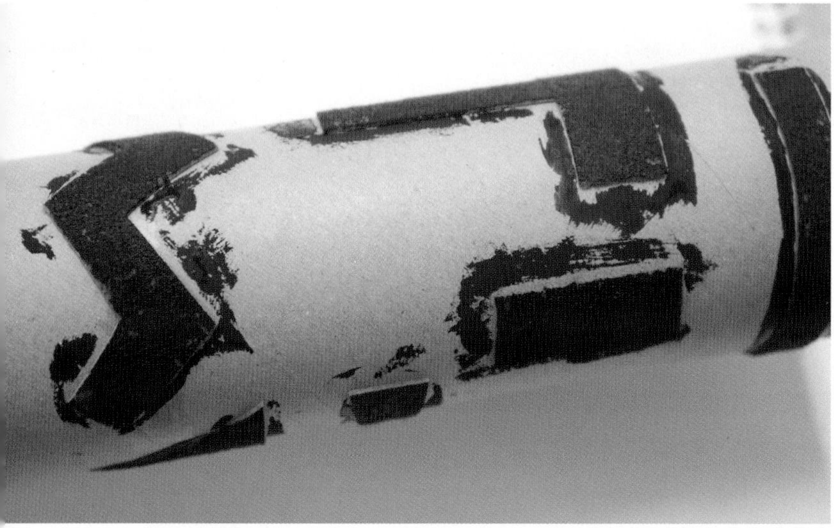

활용 Tip

• 펠트지에 물감이 잘 스며들도록 충분히 색칠합니다.
• 펠트지 외 다른 공간은 색칠하지 않도록 지도하세요.
• 물감 대신 잉크를 사용해도 무방합니다.

3. 종이 위에 찍기

• 도화지의 한쪽 끝부터 반대쪽 끝까지 심을 굴립니다.
• 도화지 위에 찍힌 미로의 모양을 관찰해 봅니다.

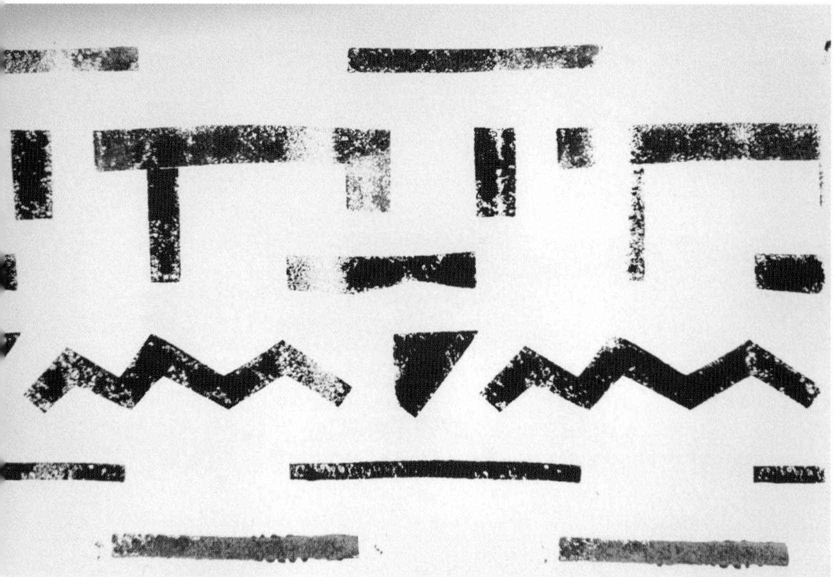

활용 Tip

• 판화 기법에 대해 설명해 주세요.
• 오늘 만든 미로는 볼록 판화(양각 판화)에 속합니다. '새롭게 알게 됐어요.'를 참고하여 볼록 판화의 특징에 대해 설명해 주세요.
• 미로가 선명하게 찍힐 수 있게 손바닥에 힘을 주면서 천천히 굴리도록 지도하세요.

4. 스케치하기

- 내가 만든 미로를 보면서 다양한 이야기들을 연상해 봅니다.
- 연필로 스케치합니다.

활용 Tip

- **아이가 연상 드로잉을 어려워하는 경우 다양한 질문을 통해 연상을 도와주세요.**
  (미로 속에 누가 갇힌 것 같니? 이 미로 끝에 무엇이 있을 것 같니? 뾰족뾰족한 미로 끝에 괴물이 살고 있을 것 같지 않니? 미로를 탈출하기 위해 어떤 무기가 필요할 것 같니? 등)
- **미로 속에 숨겨진 보물, 미로 속에 지어진 집, 미로 탈출을 위한 무기, 미로 속에 갇힌 사람들, 미로 속에 살고 있는 몬스터 등 상상력을 발휘하여 드로잉할 수 있도록 지도하세요.**

5. 작품 완성하기

- 매직과 사인펜 등을 사용하여 채색합니다.

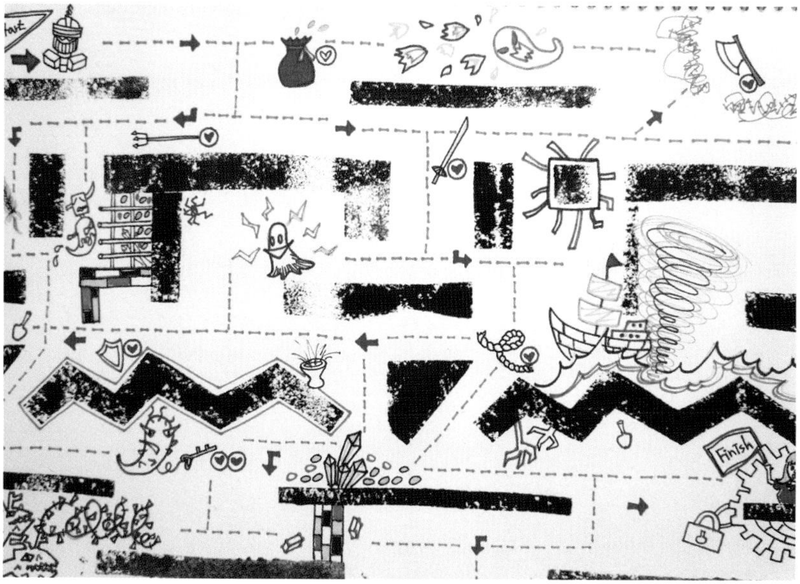

활용 Tip

- **매직, 사인펜 외 다양한 부재료를 사용하여 미로를 더욱 다채롭게 만들어 주세요.**
- **내가 만든 미로 속 이야기를 선생님과 친구들에게 들려줍니다.**
- **친구의 미로와 나의 미로를 맞바꾼 후 미로 찾기 게임을 해 봅니다.**

새롭게 알게 됐어요

■ 판화의 종류

❶ 볼록 판화 : 다른 말로 양각 판화라고 합니다. 목판화, 리놀륨 판화, 직판화, 지판화 등이 있으며, 조각칼을 이용해 판을 파낸 후 볼록한 면에 잉크를 묻혀서 찍어내는 기법입니다. 흑백의 대비 효과를 느낄 수 있습니다.

❷ 오목 판화 : 드라이포인트, 애칭, 애쿼티트 등이 있습니다. 날카롭고 섬세한 느낌을 주고 싶을 때, 선의 겹침에 의한 명암을 표현할 때 주로 사용하는 기법입니다.

❸ 평판화 : 석판화, 모노타이프 등이 있습니다. 물과 기름의 반발 작용을 이용한 기법으로 붓터치, 농담, 크레용의 질감 효과를 낼 때 사용합니다.

❹ 공판화 : 다른 말로 등사판이라고 합니다. 스텐실, 실크 스크린 등이 있습니다. 판에 구멍을 뚫은 후 구멍 사이로 물감을 통과시키는 기법입니다.

■ 로울러

판화나 종이에 잉크를 묻히는 도구를 말합니다.

빙글빙글 돌아라, 물감!

무엇을 배울까요?

① 원심력의 원리를 이해합니다.

② 물감 흘리기 기법을 통해 연상 드로잉을 배워 봅니다.

③ 부분과 전체에 대해 배워 봅니다.

준비해 보아요

야채 탈수기(야채 탈수기가 없다면 커다란 박스와 구슬로 대체 가능), 튜브 물감, 물약통, 채색 도구, 면봉, 가위, 풀, 동그라미 모양의 종이(탈수기 사이즈와 동일한 모양으로 준비)

생각상자를 열어 보아요

1. 도입

오늘은 특별한 기계를 이용해서 미술 활동을 할 거예요. 바로 탈수기라고 불리는 기계랍니다.

2. 전개

① 탈수기를 본 적 있나요? 어디에서 보았나요?

② 탈수기는 어디에 사용하는 기계일까요?

③ 탈수기는 어떤 원리로 돌아갈까요?

④ 탈수기와 같은 원리를 사용하는 기계에는 무엇이 있을까요?

3. 마무리

탈수기를 이용하여 멋진 작품을 만들어 보고 내가 만든 작품을 부분에서 전체로 확장해 봅니다.

자, 시작해 볼까요?

1. 물약통에 물감 넣기

• 물약통에 그림과 같이 원하는 색의 물감을 넣어 줍니다.

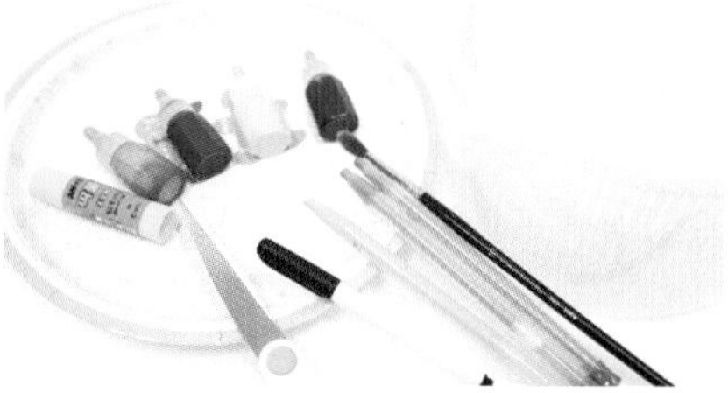

2. 물감 뿌리기

• 야채 탈수기 안에 미리 준비한 동그라미 모양의 종이를 넣어 줍니다.

• 물감을 종이 위에 그림과 같이 뿌리고 흘려 줍니다.

활용 Tip

- **물감을 충분히 사용해야 멋진 작품이 나옵니다.**
- **여러 가지 색상을 사용할 수 있도록 지도하세요.**
- **탈수기가 없을 땐?**
  ❶ 박스와 구슬 활용 : 야채 탈수기 대신 박스에 동그라미 모양의 종이를 넣은 후 동일한 방법으로 물감을 뿌려 줍니다. 그 다음 종이 위에 구슬을 올려놓은 후 박스를 이리저리 움직여서 구슬을 굴려 줍니다.
  ❷ 데칼코마니 기법 활용 : 동그라미 모양의 종이를 반으로 접은 후 한쪽에만 물감을 뿌리고 다시 접어 줍니다.
- **데칼코마니 기법을 이해하고 작품에 적용할 수 있도록 지도하세요.**

3. 탈수기 돌리기

- 탈수기 뚜껑을 덮고 5~10초 정도 돌립니다.
- 중간에 뚜껑을 열고 물감의 상태를 확인합니다.
- 물감이 충분히 퍼지지 않았을 경우 다시 한 번 5초에서 10초 정도 돌립니다.
- 핀셋이나 나무젓가락으로 종이를 꺼냅니다.

4. 연상 드로잉

• 물감이 바싹 마른 후 도화지 위에 붙입니다.
• 그림과 같이 스케치합니다.

활용 Tip

• 어느 한 부분은 소묘로 색칠해야 하므로 어떤 부분을 어떻게 색칠할 것인지 미리 구상한 후 그리도록 지도하세요.
• 아이가 연상 드로잉을 어려워할 경우 다양한 질문을 통해 아이디어를 이끌어 내세요.
(동그란 모양은 무엇이 있을까요? 동그라미를 보면 무엇이 떠오르나요? 동물인가요? 아니면 음식인가요? 등)

5. 색칠하기

• 색연필과 연필 두 가지를 사용하여 색칠합니다.

활용 Tip

• 소묘를 할 때 표현 대상을 충분히 관찰 후 디테일을 표현합니다.
• 손을 표현하기 전 손의 구조와 생김새를 관찰한 후 주름이나 손톱 등을 실제처럼 섬세하게 표현하도록 지도하세요.
• 배경은 물감이나 파스텔을 사용해서 색칠합니다.

6. 작품 완성하기

- 손가락에 물감을 묻힌 후 작품 위에 콕콕 찍어 주세요.
- 손가락으로 찍은 물감을 주제와 어울리게 꾸며 주세요.

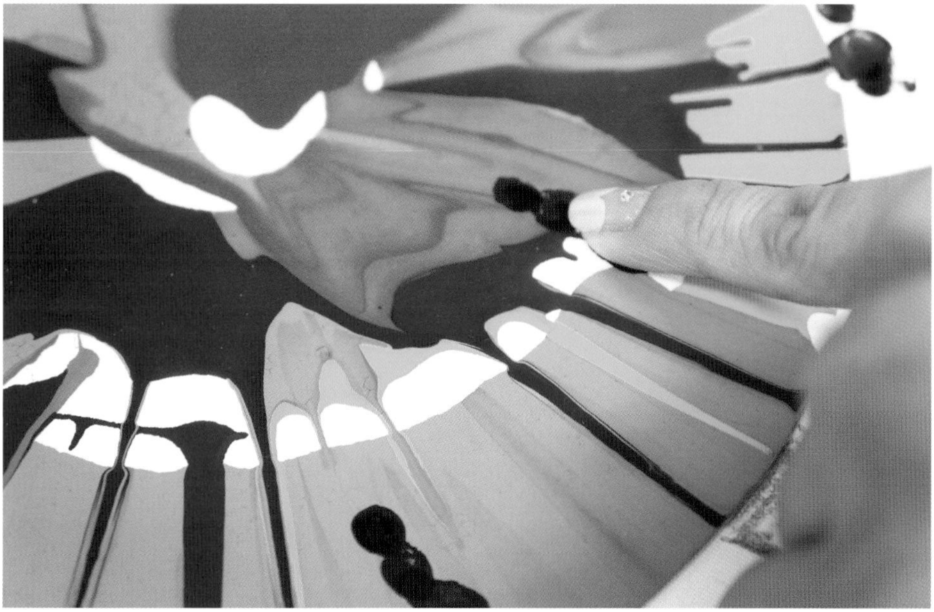

활용 Tip

- 손에 물감이 묻는 것을 싫어하는 아이들은 면봉을 사용하도록 지도하세요.
- 손가락 혹은 면봉으로 찍은 물감도 주제와 어울리는 대상으로 바꿔 주세요.

(동그라미를 사탕으로 바꾼 경우 사탕에 꼬인 개미나 사탕에 달려 있는 리본 모양으로 바꿔 주세요.)

새롭게 알게 됐어요

■ 원심력

물체가 원 운동을 할 때 회전축의 중심으로부터 멀어지려는 힘을 의미합니다. 믹서기, 세탁기, 탈수기 등이 원심력의 원리를 기반으로 합니다.

■ 원 운동

물체가 그리는 궤적이 원을 그리는 운동을 말합니다.

■ 탈수기

수분을 제거하는 데 사용하는 기계를 말합니다. 세탁물 탈수기, 음식물 쓰레기 탈수기, 야채 탈수기 등 다양한 종류의 탈수기가 있습니다.

■ 물감 뿌리기

수채화를 멋들어지게 표현하는 방법 중 하나로 물감에 물을 충분히 섞은 다음 종이 위에 흘리거나 뿌리는 기법입니다.

스크래치로 표현하는 파울 클레

무엇을 배울까요?

① 파울 클레의 작품을 통해 추상화를 이해합니다.

② 스크래치 기법을 배워 봅니다.

③ 구상 미술과 추상 미술에 대해 배워 봅니다.

준비해 보아요

스크래치 종이, 굵는 도구(송곳, 나무 꼬치 등 끝이 뾰족하거나 넓적한 도구), 풀, 가위, 채색 도구, 시청각 자료(파울 클레의 작품 사진, 스크래치 영상 등)

생각상자를 열어 보아요

1. 도입

① 오늘은 아주 유명한 화가 한 명을 여러분들에게 소개할 거예요. 바로 '파울 클레'라는 화가입니다.

② 파울 클레는 스위스의 대표적인 화가 중 한 명으로 모자이크 문양의 패턴을 즐겨 사용했고, 구상 미술과 추상 미술이 혼합된 작품을 주로 선보였어요. 파울 클레의 작품 몇 가지를 감상해 볼까요?

2. 전개

① 파울 쿨레의 작품들을 처음 봤을 때 어떤 느낌이 들었나요? 그 이유는 무엇인가요?

② 파울 클레의 작품들이 마음에 드나요? 그 이유는 무엇인가요?

③ 만약 파울 클레와 친구가 되어 함께 그림을 그릴 수 있다면, 어떤 그림을 그려 보고 싶은가요? 그 이유는 무엇인가요?

④ 스크래치 기법으로 그림을 그려 본 적 있나요? 있다면 무엇을 그렸나요?

3. 마무리

파울 클레의 작품과 스크래치 기법을 혼합하여 나만의 멋진 작품을 만들어 봅니다.

자, 시작해 볼까요?

1 스크래치 종이 붙이기

• 스크래치 종이를 자른 후 스케치북에 그림과 같이 붙입니다.

활용 Tip

• 형식에 얽매이지 않고 자유롭게 표현할 수 있도록 지도하세요.
• 스크래치 종이 구입처 : 아트공구에서 스크래치 종이 검색(https://www.art09.co.kr)

2. 스케치하기

• 파울 클레 작품을 참고하여 스케치합니다.

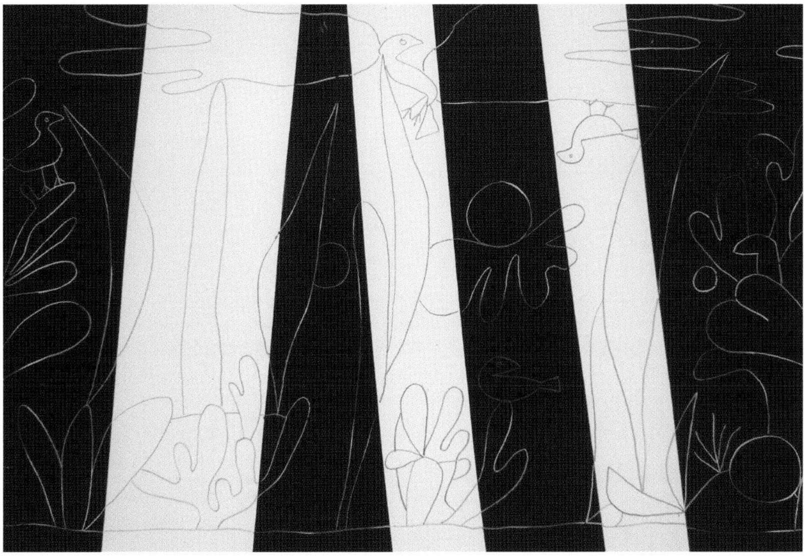

활용 Tip

• 파울 클레의 작품 사진을 프린트하여 참고할 수 있도록 해 주세요.
• 4인 1조 혹은 2인 1조로 팀을 구성하여 한 팀당 프린트 사진 한 장씩 제공할 수 있도록 미리 준비하세요.
• 긁는 도구를 사용할 때 다치지 않도록 지도하세요.

3. 색칠하기

- 흰색 배경은 물감, 색연필 등으로 색칠합니다.
- 검은색 배경은 긁는 도구를 사용하여 완성합니다.

활용 Tip

- 친구들의 작품과 나의 작품을 비교해 보고 작품에 대한 이야기를 나눠 봅니다.
- 나의 작품 속에서 추상화적인 요소를 찾아보고 무엇을 표현한 것인지 이야기를 해 봅니다.
- 친구의 작품 속에서 추상화적인 요소를 찾아보고 함께 작품 세계를 공유하는 시간을 가져 봅니다.

새롭게 알게 됐어요

■ 스크래치 기법

스크래치는 유화 물감이나 크레파스 따위로 색칠하고 그 위에 다른 색을 덧칠한 다음 송곳이나 칼같이 뾰족한 도구로 긁어 처음에 칠한 색이 나타나게 하는 기법입니다.

■ 파울 클레

스위스의 화가로 현대 추상 회화의 시조입니다. 모자이크 문양의 패턴을 즐겨 사용했고, 구상 미술과 추상 미술이 혼합된 작품을 주로 선보였습니다. 7세부터 바이올린 교습을 받았으며 틈틈이 작문을 하는 등 미술뿐만 아니라 문학, 음악 등 다양한 예술 분야에서 다재다능한 면모를 보였습니다.

■ 추상 미술

눈에 보이는 대상을 주관적으로 표현하는 미술로서 구상 미술과 대립되는 개념입니다.

■ 추상화

눈에 보이는 형상을 그대로 모방하고 재현하는 방식을 벗어나 점, 선, 면, 색채의 순수 조형 요소로 구성한 그림을 말합니다. 중요한 특징을 찾아낸 후 간단하게 표현하며 필요한 부분과 중요한 부분을 통합해 하나로 만들기도 합니다.

■ 구상 미술

현실 세계에 존재하는 여러 가지 대상을 사실대로 묘사하는 미술로서 추상 미술과 대립되는 개념입니다.

후후 불면 어떤 동물이 될까?

무엇을 배울까요?

① 물감 불기, 물감 번지기 기법으로 다양한 동물들의 모습을 연출해 봅니다.

② 동물의 특징과 종류를 이해합니다.

③ 우연의 효과를 통해 상상력을 극대화합니다.

④ 연상 드로잉을 배워 봅니다.

준비해 보아요

도화지, 채색 도구, 스케치 도구, 붓, 빨대, 드라이기, 동물 실루엣(종이에 직접 그리거나 아트공구에서 스크래치 종이 구입 등)

생각상자를 열어 보아요

1. 도입

우리는 항상 동물 친구들과 함께 공존하면서 살아가고 있지요. 오늘은 우리가 알고 있는 동물 친구들에 대해 이야기를 나눌 거예요.

2. 전개

① 내가 가장 좋아하는 동물 친구는 누구인가요? 이유는 무엇인가요?

② 반대로 내가 가장 무서워하는 동물 친구는 누구인가요? 이유는 무엇인가요?

③ 동물을 실제로 본 적 있나요? 어디서 보았나요?

④ 동물을 봤을 때 기분이 어땠나요?

⑤ 네 발로 걷는 동물 친구는 누구일까요?

⑥ 두 발로 걷는 동물 친구는 누구일까요?

⑦ 집에 반려동물이 있나요? 이름은 무엇인가요?

⑧ 반려동물이 있어서 좋은 점과 불편한 점은 무엇인가요?

⑨ 만약 반려동물과 대화를 나눌 수 있다면 가장 먼저 무슨 말을 하고 싶나요?

3. 마무리

빨대로 물감을 불어 보고 재미있는 물감의 모양에서 동물 친구들의 특징을 찾아봅니다.

자, 시작해 볼까요?

1. 동물 외곽선 그리기

• 도화지나 스크래치 종이에 그리고 싶은 동물의 외곽선을 그립니다.

활용 Tip

• **물감 불기로 표현할 부분은 생략하고 그립니다.**
(코끼리가 뿜어내는 물, 공작의 날개 등)

• **스크래치 종이 구입처 : 아트공구에서 스크래치 종이 검색**(https://www.art09.co.kr)

2. 색칠하기

• 매직, 네임펜, 크레파스, 색연필 등으로 색칠합니다.

3. 라인 그리기

• 적당한 위치에 물감을 떨어뜨립니다.

활용 Tip

• 물감을 떨어뜨릴 땐 붓을 사용하세요.
• 물감의 농도가 될 경우 빨대로 불었을 때 물감이 잘 퍼지지 않습니다. 사용 전 붓에 물을 충분히 묻히도록 합니다.
• 밝은색에서 어두운색 순으로 켜켜이 쌓아 올리도록 합니다.

4. 물감 불기

• 빨대를 물감 가까이 가져다 댄 후 빨대 반대쪽을 힘껏 불어 줍니다.
• 물감이 어떤 모양으로 퍼지는지 관찰합니다.

활용 Tip

• 빨대를 물감과 가까이 대고 불 경우 멀리 퍼지고, 빨대를 물감과 멀리 대고 불 경우 전자보다 멀리 퍼지지 않습니다. 빨대 끝 부분과 물감의 거리를 조절하여 원하는 효과를 연출할 수 있도록 지도하세요.
• 빨대를 흡입하지 않도록 주의하세요.

5. 색 쌓기

• 기본 바탕이 어느 정도 완성되면 그 위로 원하는 색들을 쌓아 올립니다.

활용 Tip

• 밝은색에서 어두운색 순으로 쌓아 올려 주세요.

7. 마무리하기

- 배경을 그립니다.
- 스티커, 색연필 등으로 꾸며 줍니다.

활용 Tip

- 친구들은 어떤 동물을 그렸는지, 물감 불기를 통해 동물의 특징을 어떻게 표현했는지 관찰해 봅니다.
- 친구들과 함께 동물에 대한 이야기를 나눠 봅니다.

새롭게 알게 됐어요

■ 물감 불기

물감을 종이에 떨어뜨리고 빨대나 입으로 부는 표현 기법입니다.

■ 물감 번지기

물감 위에 물을 머금은 붓으로 물을 덧입혀서 번지게 하는 표현 기법입니다.

CHAPTER 02

상상력이 자라는 드로잉 시간 – 관찰화

곤충 관찰기

무엇을 배울까요?

① 우리 주변의 다양한 곤충들을 살펴보고 관찰력을 기릅니다.

② 곤충의 특징과 구성 요소를 이해합니다.

③ 곤충 그리기를 통해 소묘의 기본기를 다져 봅니다.

준비해 보아요

도화지, 연필, 지우개, 채색 도구, 다양한 곤충 사진(곤충의 구조가 잘 드러난 사진, 곤충 캐릭터가 아닌 실사로 준비)

생각상자를 열어 보아요

1. 도입

① 오늘은 우리 주변의 다양한 곤충들을 관찰해 보는 시간을 가질 거예요.

② 곤충이란 무엇일까요? 어떤 것들을 곤충이라고 부를까요?

2. 전개

① 곤충을 본 적 있나요? 어떤 곤충이었나요?

② 곤충을 무서워하나요? 아니면 좋아하나요?

③ 내가 가장 좋아하는 곤충은 무엇인가요? 그 이유는 무엇인가요?

④ 만약 딱 하루만 곤충으로 변신할 수 있다면 어떤 곤충으로 변신하고 싶나요? 그 이유는 무엇인가요?

⑤ 곤충으로 변신했을 때 좋은 점과 나쁜 점은 무엇일까요?

3. 마무리

준비한 곤충 사진 중 마음에 드는 곤충을 골라서 직접 그려 보고 곤충의 구성 요소를 이해하는 시간을 가져 봅니다.

자, 시작해 볼까요?

1. 곤충 그리기

- 도화지에 곤충을 그립니다.
- 도화지에 곤충을 관찰하고 있는 아이들을 그립니다.

활용 Tip

- 곤충의 전체적인 형태와 구성 요소(머리, 가슴, 배)를 이해할 수 있도록 지도하세요.
- 소묘의 특징을 살릴 수 있도록 최대한 사실적으로 그려 주세요.
- 오늘의 주제인 곤충을 먼저 그리고, 부주제(꽃, 풀, 아이들 등)를 나중에 그리도록 지도하세요.
- 곤충 그리기를 어려워하는 친구들은 꼭 여러 마리를 그리지 않아도 좋습니다. 한 마리는 직접 그리고 나머지 두 마리는 사진으로 대체하는 등 융통성 있게 조절하세요.

2. 곤충 색칠하기

- 소묘 기법을 사용하여 곤충을 색칠합니다.

활용 Tip

- 소묘를 통해 털, 날개, 매끈한 몸 등을 섬세하게 표현할 수 있도록 지도하세요.
- 4B 연필의 필압을 조절하여 생동감 있는 곤충을 표현해 줍니다. 연필에 힘을 많이 줄수록 굵게, 힘을 약하게 줄수록 가늘게 그려지는 원리에 대해 설명해 주세요.

3. 배경 색칠하기

- 색연필로 식물과 꽃을 색칠합니다.
- 수채 물감으로 아이들과 배경을 색칠합니다.

활용 Tip

- 밝은색에서 어두운색 순으로 색칠합니다.
- 색연필로 꽃을 색칠할 때 그림과 같이 강약을 조절하여 색칠하는 법을 가르쳐 주세요.

4. 마무리하기

- 눈, 코, 입을 그린 후 그림자를 그립니다.

활용 Tip

- 아이들의 표정을 섬세하게 그려서 그림에 생동감을 불어넣어 줍니다.

새롭게 알게 됐어요

■ 표정

마음속에 갖고 있는 감정이나 정서 등의 심리 상태가 겉으로 드러나는 것을 말합니다. 그림을 그릴 때 표정과 행동을 통해 인물의 감정을 나타낼 수 있습니다.

■ 관찰

사물이나 현상을 자세히 살펴보는 것을 말합니다.

■ 필압

연필이나 펜에 가해지는 압력의 크기를 말하며, 필압을 조절하여 선의 굵기를 조절할 수 있습니다.

■ 강약

강하고 약한 정도를 말합니다.

■ 곤충

머리, 가슴, 배의 세 부분으로 나뉘는 구조를 가지고 있습니다. 머리에는 겹눈과 홑눈, 더듬이 따위의 감각기관과 입이 있고 가슴에는 2쌍의 날개와 3쌍의 다리가 있습니다. 배는 여러 마디로 이루어져 있고 배의 끝부분엔 생식기와 꼬리털이 있습니다.

■ 소묘

형태와 명암 위주로 그린 그림을 말합니다. 비례, 형체, 명암, 원근, 양감, 질감, 동세 등을 관찰한 후 단색의 선으로 형태를 만들어 내는 조형 표현의 기본입니다. 연필 외에도 목탄, 잉크, 먹, 콩테, 첨필 등을 이용하여 그릴 수 있습니다.

미세 먼지는 나빠요!

무엇을 배울까요?

① 우리의 건강을 위협하는 미세 먼지에 대해 알아봅니다.

② 환경 보호에 대한 경각심을 바탕으로 다양한 해결 방안을 강구해 봅니다.

③ 일상적인 음식으로 작품을 만드는 독특한 표현 방식을 통해 표현력과 창의력을 길러 봅니다.

준비해 보아요

8절 도화지, 믹스커피, 백붓, 채색 도구, 미세 먼지에 대한 시청각 자료(뉴스, 신문 기사, 사진, 영상 등)

생각상자를 열어 보아요

1. 도입

① 창문을 열고 하늘을 바라봅니다. 어떤 색인가요?

② 비가 오는 날도 아닌데, 먹구름이 낀 것도 아닌데 하늘이 유독 뿌옇게 변할 때가 있습니다. 그 이유는 무엇일까요?

2. 전개

① 미세 먼지는 무엇일까요?

② 오늘의 미세 먼지 수치는 어떤 것 같나요?

③ 뉴스나 기사에서 미세 먼지에 대한 이야기를 본 적 있나요? 어떤 내용이었나요?

④ 미세 먼지를 예방하기 위해서는 어떻게 해야 할까요?

⑤ 만약 미세 먼지를 그대로 방치한다면 먼 훗날 지구는 어떻게 될까요?

⑥ 미세 먼지로 뒤덮인 지구 속에서 사람들은 어떤 모습으로 살아가고 있을까요?

3. 마무리

우리가 흔히 볼 수 있는 믹스커피로 미세 먼지를 표현해 보는 특별한 시간을 가져 봅니다.

자, 시작해 볼까요?

1. 믹스커피 준비

• 믹스커피를 그림과 같이 종이컵에 담습니다.

활용 Tip

• 미리 물을 타 놓을 경우 다양한 방법으로 표현할 수 없으니 가루 상태 그대로 준비하세요.
• 아이들이 먹지 않도록 주의하세요.

2. 스케치하기

• 미세 먼지로 뒤덮인 우리 동네를 그립니다.

활용 Tip

• 마스크를 쓰고 지나가는 사람, 손으로 입을 가린 채 얼굴을 찡그린 사람, 자리에 멈춰서서 기침을 하는 사람 등 다양한 유형의 사람들을 그려 주세요.
• 동작과 표정에 유념하여 그릴 수 있도록 지도하세요.

3. 색칠하기

• 색연필과 사인펜을 사용하여 하늘을 제외한 나머지 부분을 자유롭게 색칠합니다.

4. 미세 먼지 표현하기

• 믹스커피를 이용하여 미세 먼지를 표현해 줍니다.

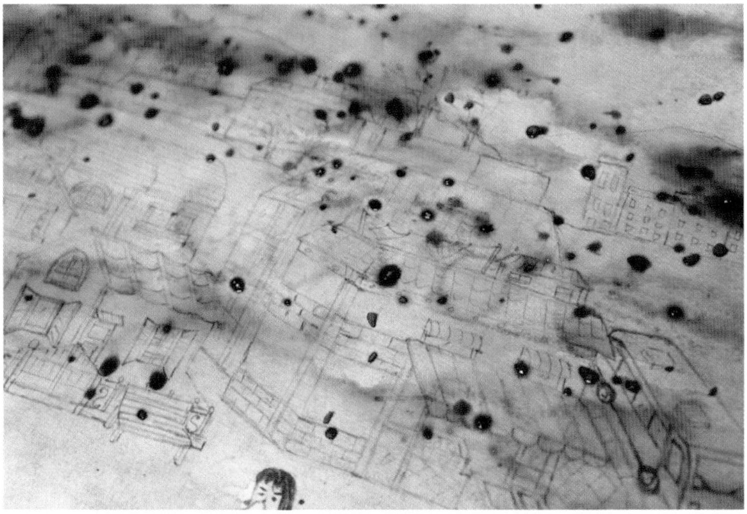

활용 Tip

• 백붓으로 칠해 보기도 하고 커피 알갱이를 작품 위에 뿌리기도 하는 등 다양한 방법으로 표현할 수 있도록 지도하세요.
• 물의 양을 달리할수록 커피의 농도가 달라진다는 것을 알려 주세요.
• 커피 알갱이를 뿌려서 먼지를 표현해 주세요.

4. 마무리하기

• 미세 먼지의 심각성과 미세 먼지로 뒤덮인 미래 도시에 대해 상상해 보고 이야기를 나눠 봅니다.

활용 Tip

• **미세 먼지가 점점 더 심해지면 미래 도시는 어떤 모습으로 변할까요?**
(집안에서도 마스크나 방독면을 쓰고 생활해요. 편의점에서 패트병에 깨끗한 공기를 담아서 팔아요. 등)

• **깨끗하고 아름다운 미래 도시를 위해 우리는 무엇을 할 수 있을까요?**
(공부를 열심히 해서 미세 먼지를 걸러주는 공기 정화기를 만들어요. 나무 심기 프로젝트를 진행해요. 등)

새롭게 알게 됐어요

■ 미세 먼지

대기 중에 떠다니거나 흩날려 내려오는 입자상 물질입니다.

■ 미세 먼지 예방법

① 미세 먼지 농도가 높은 날엔 외출을 자제합니다. 호흡기나 심혈관 질환자, 아이와 노인, 임산부는 특히 주의하도록 합니다.

② 도로변일수록 미세 먼지 농도가 더 높습니다. 도로변에서는 가급적이면 운동을 하지 않습니다.

③ 실외 활동 시 반드시 황사 마스크를 착용합니다.

④ 미세 먼지 농도가 높은 날 창문을 열어 두면 집안으로 미세 먼지가 유입되기 때문에 창문을 꼭 닫아 둡니다.

⑤ 외출 후 집으로 돌아왔을 땐 가장 먼저 코와 손을 씻습니다.

옛날 놀이를 해 보자!

무엇을 배울까요?

① 여러 가지 전통 놀이를 배워 봅니다.

② 다양한 기법과 재미있는 구도로 작품을 완성해 봅니다.

③ 콜라주에 대하여 배워 봅니다.

④ 파스텔 사용법을 배워 봅니다.

준비해 보아요

채색 도구, 파스텔, 여러 종류의 잡지, 물감, 4B 연필, 도화지, 풀, 가위,

시청각 자료(전통 놀이 사진과 영상 등)

생각상자를 열어 보아요

1. 도입

오늘은 전통 놀이에 대해 배워 보고 친구들이랑 다 함께 전통 놀이에 대해 이야기를 나눌 거예요.

2. 전개

① 내가 알고 있는 전통 놀이에는 무엇이 있나요?

② 전통 놀이를 해 본 적 있나요? 누구와 해 봤나요?

③ 전통 놀이를 하고 싶은가요? 누구와 하고 싶나요?

④ 친구가 가장 좋아하는 전통 놀이는 무엇인가요?

⑤ 평상시에 어떤 놀이를 가장 많이 하나요?

⑥ 전통 놀이와 요즘 놀이의 차이점은 무엇일까요?

⑦ 둘 중 어떤 것이 더 재밌나요? 혹은 재밌을 것 같나요?

3. 마무리

내가 가장 좋아하는 전통 놀이를 하나 선택하여 전통 놀이를 하고 있는 내 모습을 그려 봅니다.

자, 시작해 볼까요?

1. 스케치하기

• 원근감을 살려서 스케치합니다.

활용 Tip

• **주제가 되는 부분**(주인공이 전통 놀이를 하고 있는 모습)**은 다른 부분보다 크게 그리고 나머지 부분은 상대적으로 작게 그려서 주제를 부각시킵니다.**

• **전통 놀이를 즐기고 있는 인물들의 즐거운 표정, 역동적인 자세 등을 충분히 표현할 수 있도록 지도하세요.**

2. 색칠하기

• 반 다이크 브라운과 울트라 마린을 섞어서 그림과 같이 1차로 색칠합니다.

활용 Tip

• 유치부 아이들은 이 과정을 생략합니다.

3. 덧칠하기

• 1차보다 좀 더 진한 색으로 명암을 표현합니다.

4. 색칠하기

• 빛의 방향에 주의하여 색칠합니다.

활용 Tip

• 빛이 오는 방향을 정한 후 빛이 가장 가까이 닿는 부분은 밝게, 빛이 닿는 부분과 가장 멀리 있는 부분은 어둡게 색칠합니다. 빛과 멀어질수록 색이 어두워지는 명암의 원리에 기초하여 지도하세요.
• 주제가 부각될 수 있도록 주제 부분은 선명하고 진하게, 부주제 부분은 흐리고 연하게 색칠해 주세요.

5. 디테일 완성하기

- 파스텔로 바닥을 칠한 후 휴지나 물티슈로 문지릅니다.
- 하얀색 크레파스로 놀이판을 그립니다.

6. 하이라이트 그리기

• 주제가 되는 부분에 그림과 같이 하이라이트를 그립니다.

7. 마무리하기

• 그림과 같이 잡지를 이용하여 배경을 자유롭게 꾸며 주세요.

활용 Tip

• 친구들은 어떤 전통 놀이를 그렸는지 내 작품과 친구의 작품을 비교해 보고 이야기를 나눠 봅니다.
• 전통 놀이의 종류와 방법에 대해 친구들과 이야기를 나눠 봅니다.

새롭게 알게 됐어요

■ 콜라주

원래 '풀칠', '바르기' 등의 의미였으나 현재는 인쇄물, 천, 쇠붙이, 모래, 나뭇잎 등 여러 가지를 붙여서 구성하는 회화 기법을 의미합니다. 또는 그러한 기법에 의해 제작되는 회화를 말합니다.

■ 전통 놀이

❶ 고무줄 놀이 : 노래를 부르면서 5~6m 쯤 되는 고무줄을 가지고 여러 가지 발놀림으로 뛰어 넘는 놀이입니다.

❷ 사방치기 : 평평한 땅에 놀이판을 그려 놓고 돌멩이를 던진 후 첫 번째 숫자부터 마지막 숫자까지 다녀오는 놀이입니다.

❸ 윷놀이 : 신라 시대부터 시작된 우리 민족 고유의 놀이로서 네 개의 윷과 말 그리고 말판을 사용합니다. 주사위 대신 윷을 사용하며 말판 위에 놓인 자신의 말을 가장 빨리 처음의 위치로 들어오게 하는 사람이 승리하는 놀이입니다.

❹ 연날리기 : 눈썹연, 반달연, 꼬리연, 방패연, 가오리연 등의 다양한 연을 하늘 높이 날리는 놀이입니다. 얼레를 이용하여 실을 감고 풀면서 연의 높이를 조절할 수 있습니다.

■ 파스텔

크레용과 같은 계열의 화구로 빛이 있는 가루 원료를 길쭉한 모양으로 굳힌 것입니다.

크레파스로 문지르기

무엇을 배울까요?

① 크레파스 활용법에 대해 배워 봅니다.

② 문지르기를 통해 새로운 표현 방식을 배워 봅니다.

③ 데칼코마니를 활용한 작품 만들기를 통해 표현력을 길러 봅니다.

④ 좌우대칭의 개념을 익힙니다.

준비해 보아요

A4 용지, 도화지, 크레파스, 채색 도구, 문지르는 도구

생각상자를 열어 보아요

1. 도입

① 평소 거울을 자주 보는 편인가요?

② 거울 속에 비친 내 모습은 어떤가요? 나랑 똑같은가요?

2. 전개

① 거울과 비슷한 효과를 주는 것들에는 무엇이 있을까요?

② 길을 걷다가 물웅덩이에 비친 거리의 모습을 본 적 있나요?

③ 물웅덩이에 비친 거리의 모습과 실제 거리의 모습은 어떤가요? 똑같은가요?

④ 평소 크레파스를 잘 사용하나요?

⑤ 크레파스로 그린 작품 위에 A4 용지 한 장을 덮고 문지르면 어떻게 될 것 같나요?

⑥ A4 용지와 도화지의 차이점은 무엇일까요?

3. 마무리

특별히 도화지가 아니라 A4 용지 위에 그림을 그려 보고, 표현 대상이 물 위에 반영되는 모습을 표현해 봅니다.

자, 시작해 볼까요?

1. 스케치하기

- A4 용지를 반으로 접습니다.
- A4 용지의 윗면에 표현 대상을 스케치합니다.

활용 Tip

- **표현 대상을 그릴 때 반영이 일어나는 물리적인 공간**(바닷가, 호수, 비가 개인 후의 거리 등)**을 배경으로 그릴 수 있도록 지도하세요. 표현 대상은 무엇이든 좋습니다.**
- **A4 용지의 윗면에만 스케치하고 아랫면은 남겨 둡니다.**

2. 색칠하기

• 크레파스를 이용해 명암을 표현하면서 색칠합니다.

활용 Tip

• 두께감이 느껴지도록 색칠합니다.
• 밝은색에서 어두운색 순으로 색칠할 수 있도록 지도하세요.

3. 문지르기

• 다시 A4 용지를 접은 후 준비한 도구를 이용하여 A4 용지의 표면을 문지릅니다.

활용 Tip

• 크레파스가 잘 묻어나도록 힘을 줘서 문지릅니다.
• A4 용지가 찢어지지 않도록 주의하세요.

4. 작품 완성하기

- A4 용지를 펼친 후 도화지 가운데 그림과 같이 붙입니다.
- 수채 물감을 사용하여 배경을 채색합니다.

활용 Tip

- A4 용지를 펼치기 전, 결과물에 대해 예상해 보고 이야기를 나눠 보는 시간을 가져 봅니다.
- 수채 물감을 사용하여 배경을 채색할 때 주제 부분(표현 대상)보다 더 진하게 채색하지 않도록 주의합니다.
- 데깔코마니의 원리와 자우대칭에 대해 설명해 주세요.

새롭게 알게 됐어요

■ 반영

빛이 반사하여 비치는 것을 의미합니다.

■ 데칼코마니

'복사하다, 전사하다'라는 뜻의 프랑스어와 '편집'이라는 뜻의 합성어로 '전사법', '등사술'을 의미하는 미술 용어입니다. 특정한 무늬를 종이에 찍어서 얇은 막을 이루게 한 뒤 다른 표면으로 옮기는 회화 기법입니다.

■ 문지르기

표현 대상의 명암을 부드럽게 나타내는 데 효과적입니다. 채색 도구의 미세한 가루가 종이의 결 속으로 퍼져서 톤이 부드러워지고 파스텔 같은 효과를 낼 수 있습니다.

■ 좌우 대칭

한 평면에 의해 몸이 좌우로 똑같이 나누어지는 것을 말합니다.

땅에서 자라나요

무엇을 배울까요?

① 땅에서 자라나는 뿌리 식물에 대해 배워 봅니다.

② 식물의 구성 요소에 대해 배워 봅니다.

③ 사실적 표현과 반입체 표현(부조)을 배워 봅니다.

④ 땅속에서 살아가는 다양한 생물들을 알아봅니다.

준비해 보아요

폼 클레이(유치부만 준비), 채색 도구, 유성 색연필, 다양한 뿌리 식물 사진(식물의 구성 요소가 잘 드러난 사진으로 준비)

생각상자를 열어 보아요

1. 도입

① 오늘은 우리 주변의 식물들과 땅속에서 살아가는 다양한 생물에 대해 이야기를 나눌 거예요.

② 뿌리 식물은 무엇일까요?

2. 전개

① 식물은 어떻게 구성되어 있을까요?

② 식물에서 뿌리는 어떤 일을 할까요?

③ 줄기는 어떤 일을 할까요?

④ 잎은 어떤 일을 할까요?

⑤ 우리가 먹을 수 있는 식물에는 어떤 것들이 있을까요?

⑥ 그중에서 뿌리를 먹는 식물에는 어떤 것들이 있을까요?

⑦ 땅속에는 어떤 생물들이 살고 있을까요?

⑧ 땅 위에는 어떤 생물들이 살고 있을까요?

3. 마무리

우리 주변의 많은 식물 중 자신이 좋아하는 식물을 선택하여 그리도록 합니다. 유치부는 폼 클레이로 식물의 뿌리를 표현하고, 초등부는 그림으로 그리도록 합니다.

자, 시작해 볼까요?

1. 스케치하기 - 유치부

- 도화지에 기저선을 그려서 안과 밖을 구분합니다.
- 기저선 아래에는 뿌리 식물의 뿌리 부분과 땅속의 다양한 생물들을, 기저선 위에는 식물의 줄기와 잎, 꽃과 나무 등을 그립니다.

활용 Tip

- 뿌리 식물이 주가 되어야 합니다. 기저선을 그릴 때 3분의 2 비율로 그리도록 지도하세요.
- 땅속에 어떤 생물들이 살고 있는지, 그 생물들은 땅속에서 어떤 일을 하는지 상상해 보고 이야기를 나눠 봅니다.
- 땅 위에 어떤 생물들이 살고 있는지, 그 생물들은 땅 위에서 어떤 일을 하는지 상상해 보고 이야기를 나눠 봅니다.

2. 라인 그리기

- 유성 색연필로 라인을 따라 그립니다.

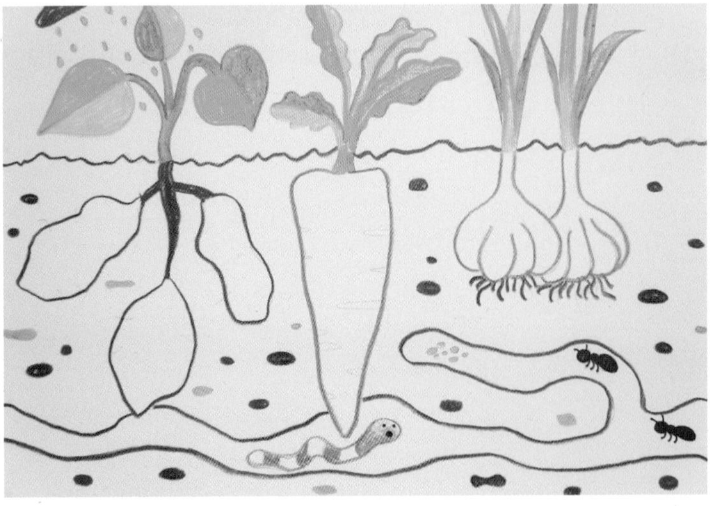

3. 색칠하기

• 식물의 뿌리 부분을 제외한 나머지 부분을 물감으로 색칠합니다.

활용 Tip

• 색연필과 물감을 적절하게 섞어서 채색할 수 있도록 지도하세요.
• 울퉁불퉁하고 거친 흙과 모래의 질감이 잘 살아나도록 물감의 농도를 달리하여 채색합니다.

4. 마무리하기

• 식물의 뿌리 부분에 폼 클레이를 붙여서 작품을 완성합니다.

활용 Tip

• 평면에 입체적인 형상을 붙이는 반입체 기법에 대해 설명해 주세요.
• 폼 클레이 구입처 : 아트공구에서 폼 클레이 검색 (https://www.art09.co.kr)

1. 스케치하기 - 초등부

- 도화지에 기저선을 그려서 안과 바깥을 구분해 줍니다.
- 기저선 아래에는 뿌리 식물의 뿌리 부분과 땅 속의 다양한 생물들을, 기저선 위에는 식물의 줄기와 잎, 열심히 일하고 있는 농부의 모습, 농장의 풍경 등을 그립니다.

활용 Tip

- 표현하고자 하는 대상의 위치 선정 → 윤곽선 스케치 → 세부적인 스케치 순으로 그려 줍니다.
- 땀을 닦고 있는 모습, 머리 위에서 내리쬐는 태양, 얼굴 위로 흐르는 땀과 찌푸리고 있는 표정 등을 통해 무더운 여름날에도 열심히 일하고 있는 농부의 모습을 생동감 넘치게 표현해 줍니다.
- 농부를 그릴 때 계절 혹은 날씨와 어울리는 복장으로 그려서 계절감을 표현해 줍니다.

2. 배경 색칠하기

- 뿌리 식물의 뿌리 부분, 땅, 배경을 제외한 나머지를 유성 색연필로 색칠합니다.

3. 뿌리 색칠하기

• 물감을 사용하여 뿌리 식물의 뿌리 부분을 색칠합니다.

활용 Tip

• 실제 뿌리 식물의 색상으로 색칠합니다.

• 물감의 농도 조절을 통해 명암을 표현하도록 지도하세요.

4. 배경 색칠하기

• 물감으로 땅을 색칠합니다.

활용 Tip

• 연두색, 초록색, 짙은 초록색, 황토색, 갈색, 짙은 갈색 등 같은 계열의 색상을 단계별로 사용하여 명암을 표현해 줍니다.

새롭게 알게 됐어요

■ 농도

액체를 구성하는 성분의 양을 말합니다.

■ 유성

물에 녹지 않는 성질을 말합니다.

■ 수성

물에 녹기 쉬운 성질을 말합니다.

■ 부조(반입체)

평면에 형상을 입체적으로 표현하는 조형 기법입니다. 평면 위에 표현한다는 점에서는 회화에 가깝지만, 입체로 표현한다는 점에서는 조각에 가깝습니다.

■ 식물의 3요소

❶ 뿌리 : 물과 양분을 흡수하고 저장하며, 식물의 몸을 지탱해 줍니다.

❷ 줄기 : 몸과 양분의 통로이며 몸을 지탱해 줍니다.

❸ 잎 : 호흡과 광합성을 합니다.

팝 아티스트가 되어 봅시다

무엇을 배울까요?

① 자화상에 대해 배워 봅니다.

② 팝 아트의 개념과 대표적인 팝 아티스트에 대해 배워 봅니다.

③ 콜라주에 대해 배워 봅니다.

준비해 보아요

나의 사진 6~7장, 도화지, 색지, 색종이, 잡지, 채색 도구, 네임펜, 컬러 매직, OHP 필름, 가위, 스카치테이프, 풀

생각상자를 열어 보아요

1. 도입

① 평소 거울을 자주 보나요? 나의 얼굴에 대해 얼마나 잘 알고 있나요?

② 오늘은 조금 색다른 방법으로 나의 얼굴을 그릴 거예요.

2. 전개

① 나의 얼굴을 그리는 것을 무엇이라고 부를까요?

② 자화상을 그려 본 적 있나요?

③ 팝 아트라는 단어를 들어 본 적 있나요? 팝 아트란 무엇일까요?

④ 팝 아트의 대표적인 작가는 누구일까요?

3. 마무리

거울 속 나의 얼굴과 사진 속 나의 얼굴을 자세히 들여다 보고 팝 아트 기법으로 나의 얼굴을 표현해 봅니다.

자, 시작해 볼까요?

1. 사진 배치하기

• 준비한 사진 중 마음에 드는 사진을 고른 후 그림과 같이 도화지에 붙이세요.

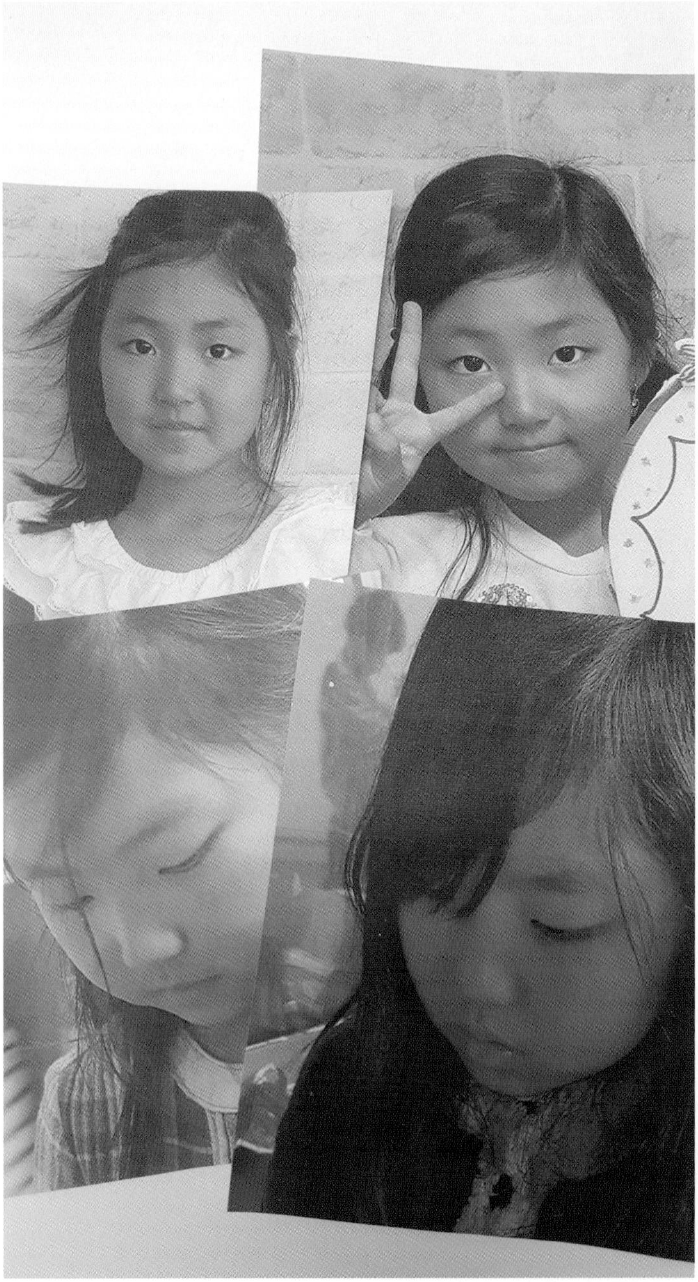

활용 Tip

• 사진을 붙일 때 약간 기울여서 붙이거나 사진들끼리 겹쳐서 붙이는 등 개성 있게 배치하세요.
• 얼굴을 가리지 않도록 주의하세요.

2. 라인 그리기

- OHP 필름을 사진 위에 올리고 스카치테이프로 고정합니다.
- 네임펜으로 라인을 따라 그립니다.

활용 Tip

- 스카치테이프로 OHP 필름을 붙일 때 고정할 수 있을 정도만 붙이도록 지도하세요.
- 색칠하지 말고 라인만 따라 그립니다.
- 라인을 굵게 그리면 더욱 팝 아트적인 느낌을 줄 수 있습니다.
- 팝 아트의 특징인 말풍선, 효과선 등을 추가해서 만화적인 효과를 낼 수 있도록 지도하세요.

3. 색칠하기

• 컬러 매직으로 포인트를 주고 싶은 부분을 색칠합니다.

활용 Tip

• 색깔이 강한 컬러를 사용하면 더욱 팝 아트적인 느낌을 줄 수 있습니다.
• 그림과 같이 포인트를 주고 싶은 부분만 색칠하세요.

4. 콜라주 기법으로 배경 만들기

• 색지 위에 색종이, 잡지, 다른 색상의 색지 등을 오려 붙이세요.

활용 Tip

• 배경이 다채로울수록 재미있는 작품이 나옵니다. 다양한 재료를 사용하여 배경을 만들어 주세요.
• 채도가 낮은 색은 가급적이면 피해 주세요.

5. 작품 완성하기

• OHP 필름을 배경 사이즈에 맞춰서 오린 후 붙이세요.

활용 Tip

• 실제 사진과 작품을 비교해 보고 이야기를 나눠 봅니다.
• 일반적으로 종이에 그린 자화상과 어떤 점이 다른지 이야기를 나눠 봅니다.

새롭게 알게 됐어요

■ 팝 아트

대중예술을 줄인 말로서 1960년 뉴욕을 중심으로 일어난 미술의 큰 물결을 말합니다. 미국뿐만 아니라 유럽이나 한국의 젊은 작가들에게도 큰 공감을 불러일으켰으며 그래픽 디자인 분야에도 많은 영향을 주었습니다. 대중적이고 반복적인 패턴을 주로 사용하며 화려한 색감이 특징인 작품이 많습니다. 대표적인 작가로는 앤디 워홀, 로이 리히텐슈타인, 키스 해링 등이 있습니다.

❶ 앤디 워홀 : 미국 팝 아트의 선구자로 영화, 광고, 디자인 등 시각 예술 전반에 걸쳐 혁명적인 변화를 주도했습니다.

❷ 로이 리히텐슈타인 : 미국의 대중적인 만화를 소재로 작품을 만든 것이 특징입니다. 뚜렷한 윤곽선과 기계적인 인쇄로 생긴 점(dot)들을 특징으로 합니다.

❸ 키스 해링 : 뉴욕 출신의 그라피티 아티스트로 뉴욕 지하철에 그린 일회성 낙서 하나로 유명 화가가 되었습니다. 낙서와 예술의 경계를 무너뜨리고 예술을 대중 가까이로 끌어들이는 작품 세계가 특징입니다.

■ 콜라주

'풀로 붙이는 것'이란 뜻으로 근대 미술에서 볼 수 있는 특수한 기법 중 하나입니다.

■ 파피에 콜레

콜라주의 한 종류로 신문지, 우표, 악보, 벽지, 상표 등의 인쇄물을 붙여서 구성하는 방식을 말합니다.

CHAPTER 03

알쏭달쏭, 무엇이 있을까? – 상상화

동물들이 모여 살아요

무엇을 배울까요?

① 동물의 특징과 생김새에 대해 배워 봅니다.

② 초식 동물과 육식 동물의 차이점을 알아봅니다.

③ 상상화 그리기를 통해 창의력을 키워 봅니다.

④ 아파트의 형태와 구조를 알아봅니다.

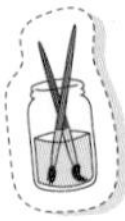

준비해 보아요

도화지, 채색 도구, 색지, 포스트잇, 시청각 자료(여러 종류의 동물 사진, 아파트 사진, 영화 주토피아 동영상 등)

생각상자를 열어 보아요

1. 도입

오늘은 우리 친구들이 좋아하는 동물 친구들에 대해서 이야기할 거예요.

2. 전개

① 동물을 좋아하나요? 그 이유는 무엇인가요?

② 내가 가장 좋아하는 동물은 어떤 동물인가요? 그 이유는 무엇인가요?

③ 반려 동물과 함께 살고 있나요? 어떤 동물인가요?

④ 초식 동물에 해당하는 동물에는 무엇이 있을까요?

⑤ 육식 동물에 해당하는 동물에는 무엇이 있을까요?

⑥ 초식 동물과 육식 동물을 구분하는 기준은 무엇일까요?

⑦ 만약 초식 동물들과 육식 동물들이 영화 주토피아처럼 사이좋게 모여 살 수 있는 아파트가 있다면 어떨까요?

⑧ 아파트에선 어떤 일들이 벌어지고 있을까요?

3. 마무리

영화 주토피아처럼 모든 동물들이 다 같이 사이좋게 모여 사는 아파트를 그려 봅니다. 그곳에서 무슨 일들이 벌어지는지 머릿속으로 상상해 보면서 재미있게 그림을 그려 봅니다.

자, 시작해 볼까요?

1. 스케치하기

• 그림과 같이 각기 다른 동물들이 살고 있는 아파트의 모습을 그립니다.

지도 방법

- **층마다 각기 다른 종류의 동물을 그립니다.**
- **각 동물들의 특징에 맞는 행동을 재미있게 묘사할 수 있도록 지도하세요.**
  (코끼리가 코로 음식을 집어서 옆집 친구에게 전달해줘요, 목이 긴 기린이 창문 밖으로 목을 내밀면 윗층에 사는 토끼는 앞이 보이지 않아요 등)
- **아이가 동물 그리기를 어려워하면 시청각 자료를 보여준 후 다양한 질문을 통해 동물을 재밌게 묘사할 수 있도록 유도하세요.**
- **창문은 마무리 단계에서 별도로 만들기 때문에 스케치 단계에서는 따로 그리지 않습니다.**

2. 라인 그리기

• 네임펜이나 매직을 이용하여 라인을 그립니다.

3. 색칠하기

• 색연필, 마카, 사인펜 등 다양한 채색 도구를 이용하여 색칠합니다.

4. 창문 만들기

- 채색이 완성되면 포스트잇, 색지 등을 활용하여 창문을 만듭니다.
- 색연필, 사인펜 등으로 창문을 꾸며 줍니다.

새롭게 알게 됐어요

■ 초식 동물

열매, 과일, 풀, 나뭇잎 등의 식물질을 먹는 동물을 말합니다. 코끼리, 다람쥐, 토끼, 소, 얼룩말 등이 초식 동물에 속합니다.

■ 육식 동물

같은 동물을 먹이로 삼는 동물을 말합니다. 호랑이, 사자, 치타, 곰, 하이에나 등이 육식 동물에 속합니다.

■ 상상화

머릿속의 생각과 상상을 그리는 회화의 한 종류입니다.

겨울 동화 속 이야기

무엇을 배울까요?

① 겨울과 관련된 동화를 읽고 인상적인 장면을 그림으로 그려 봅니다.

② 독후화에 대해 배워 봅니다.

준비해 보아요

도화지, 채색 도구, OHP 필름, 매직, 스카치테이프, 동화책(수업 전 겨울과 관련된 동화책을 집에서 한 권씩 가져올 수 있도록 공지, 선생님이 동화책 한 권을 선정할 경우 모두가 알 수 있는 내용의 대중적인 동화로 선정)

생각상자를 열어 보아요

1. 도입

① 오늘은 미술 활동을 하기 전 겨울과 관련된 동화책을 읽어 볼 거예요.

② 어떤 동화책을 가지고 왔나요?

③ 내가 가지고 온 동화책을 소개해 주세요.

2. 전개

① 동화책을 선택한 이유는 무엇인가요?

② 평소 동화책을 자주 읽는 편인가요?

③ 내가 가장 좋아하는 동화책은 무엇인가요? 그 이유는 무엇인가요?

④ 만약 내가 동화 속 주인공이 된다면 어떤 기분일까요?

⑤ 만약 내가 동화 속 주인공이 된다면 제일 먼저 무엇을 하고 싶은가요?

3. 마무리

준비한 동화책 속에서 가장 마음에 드는 장면을 하나 고른 후, 그 장면을 그림으로 표현해 봅니다.

자, 시작해 볼까요?

1. 배경 그리기

• 어떤 장면을 그릴 것인지 선택합니다.
• 도화지 위에 내가 선택한 장면과 어울리는 배경을 채색합니다.

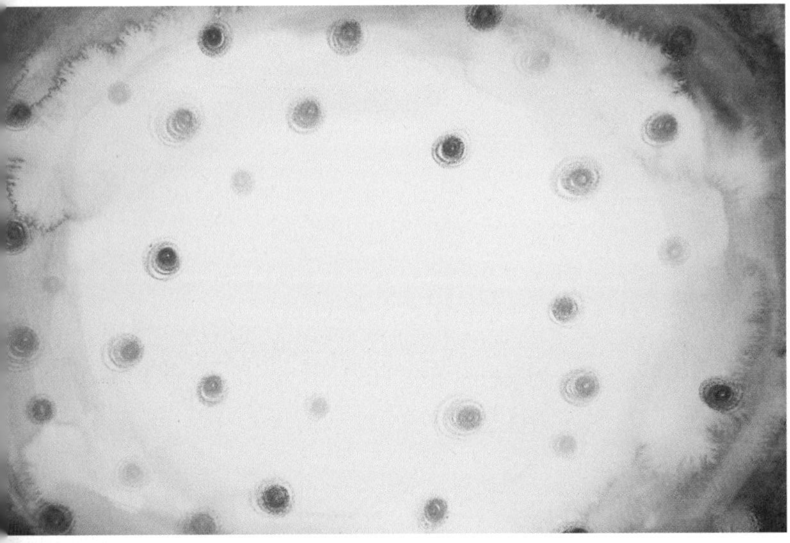

활용 Tip

• 다양한 채색 도구와 기법을 활용하여 채색합니다.
• 선택한 장면 전체를 그릴 경우 OHP 필름에 그릴 것이 없으니 OHP 필름에 그릴 부분을 제외한 나머지를 그리도록 합니다.
• 선생님이 동화책 한 권을 선정한 경우 동화책을 읽어 주고 아이들이 직접 동화의 마지막 장면을 상상한 후 그리도록 합니다.

2. 장면 그리기

• 마음에 드는 페이지를 선택한 후 OHP 필름을 장면 위에 대고 라인을 그립니다.
• 매직이나 사인펜을 이용하여 색칠합니다.

활용 Tip

• OHP 필름이 움직이지 않도록 스카치테이프나 집게로 고정한 후 그림과 같이 따라 그립니다.
• 작업하는 동안 머릿속으로 동화의 내용을 떠올려 봅니다.

3. 수업 마무리

• 배경 위에 OHP 필름을 붙입니다.

새롭게 알게 됐어요

■ 독후화

책을 읽은 후 인상적이었던 장면을 그림으로 그리는 것입니다.

열쇠 구멍 속 또 다른 세상

무엇을 배울까요?

① 초현실주의에 대해 배워 보고 초현실주의의 대표 작가들을 알아봅니다.

② 데 페이즈망 기법을 배워 보고 작품 속에 적용해 봅니다.

③ 상상화를 통해 표현력과 상상력을 길러 봅니다.

준비해 보아요

채색 도구, 트레이싱지, 가위, 풀, 칼

생각상자를 열어 보아요

1. 도입

오늘은 상상화에 데 페이즈망 기법을 더하여 멋진 작품을 그릴 거예요. 내 머릿속에 들어 있는 생각 보따리를 도화지 위에 자유롭게 풀어놓는 시간입니다.

2. 전개

① 상상화란 무엇일까요?

② 상상화를 그려 본 적 있나요? 있다면 무엇을 그렸나요?

③ 데 페이즈망 기법은 무엇일까요?

④ 한 공간 안에 공존할 수 없는 두 가지를 함께 표현하거나 현실에 존재하지 않는 일들을 그림으로 표현하는 미술 양식을 무엇이라고 부를까요?

⑤ 초현실주의의 세계로 가는 길은 생각보다 간단합니다. 지금부터 머릿속에 열쇠 구멍 하나를 떠올려 봅니다.

⑥ 열쇠 구멍으로 가까이 다가가서 안을 들여다봅니다. 무엇이 보이나요?

⑦ 열쇠 구멍으로 보이는 세상은 어떤 세상인가요? 눈을 감고 열쇠 구멍 너머의 세상을 떠올려 봅니다.

⑧ 그곳의 날씨는 어떤가요?

⑨ 그곳엔 누가 살고 있나요?

⑩ 내가 만약 그곳에 간다면 무엇을 하고 싶은가요?

3. 마무리

열쇠 구멍 너머로 보이는 세상을 도화지 위에 마음껏 펼쳐 보도록 합니다.

자, 시작해 볼까요?

1. 스케치하기

• 스케치북 가운데 열쇠 구멍, 열쇠 구멍 너머의 세상, 열쇠 구멍을 들여다보고 있는 친구들을 스케치합니다.

활용 Tip

- **열쇠 구멍은 그림과 같이 커다랗게 그려 줍니다.**
- **아이가 어떤 것을 그려야 할지 몰라 망설일 땐 다양한 질문들로 아이의 상상력을 자극해 주세요.**

(○○이는 무엇을 좋아하니? 만약 아이스크림으로 만들어진 세상이 존재한다면 어떨 것 같니? 어젯밤에 무슨 꿈을 꿨니? 혹시 기억나는 꿈이나 인상 깊었던 꿈이 있니? 등)

2. 색칠하기

• 색연필과 물감을 이용해 색칠합니다.

활용 Tip

• 넓은 공간이나 배경은 수채 물감으로, 섬세하고 세부적인 표현은 색연필로 색칠합니다.

3. 라인 그리기

• 열쇠 구멍 위에 트레이싱지를 댄 후 열쇠 구멍 안쪽의 라인을 매직이나 네임펜으로 따라 그립니다.

4. 마무리하기

- 라인을 따라 트레이싱지를 오린 후 열쇠 구멍 위에 붙여 줍니다.
- 나의 작품을 토대로 친구들에게 재미있는 이야기를 들려줍니다.

활용 Tip

- 친구들과 번갈아 가며 작품에 대한 이야기를 나눠 봅니다.
- 친구들의 작품을 보면서 보이지 않는 부분까지 상상해 보고 서로의 생각을 공유하는 시간을 가져 봅니다.

새롭게 알게 됐어요

■ 초현실주의

의식과 무의식을 혼합하여 현실을 초월한 초현실의 세계를 창조하는 예술로서 한 공간 안에 공존할 수 없는 것을 함께 표현하거나 현실에 존재하지 않는 일들을 그림으로 나타내는 미술 양식을 말합니다. 대표적인 작가로는 르네 마그리트, 달리, 샤갈 등이 있습니다.

❶ 르네 마그리트 : 벨기에 출신의 초현실주의 대표 화가로 우리에게 친숙한 것들을 예기치 않은 공간에 그려 넣어 새로운 의미를 부여한 작품들로 유명합니다.

❷ 달리 : 스페인의 초현실주의 화가로 꿈과 환상의 세계를 주제로 작품 활동을 했습니다.

❸ 샤갈 : 러시아 출신의 프랑스 화가로 중력의 법칙을 벗어난 영원의 사랑을 주제로 작품을 그렸습니다. 샤갈의 작품 속에서 인간과 동물은 자유롭게 하늘을 날아다니는데, 이것은 사랑의 신화를 표현한 것이라고 합니다.

■ 상상화

현실에 존재하지 않거나 현실에선 불가능한 일 등을 그림으로 나타낸 것으로 무의식의 세계, 꿈과 같은 세계를 표현하는 미술 양식의 하나입니다.

■ 데 페이즈망

'전치' 혹은 '낯설게 하기'란 뜻으로 우리에게 친숙하거나 익숙한 사물을 원래 있던 자리에서 떼어 낸 다음 이질적인 환경으로 옮겨 놓는 초현실주의 기법 중 하나입니다.

지하 벙커엔 무엇이 있을까?

무엇을 배울까요?

① 자연 재해의 종류를 알아봅니다.

② 자연 재해 발생 시 대처 요령을 알아봅니다.

③ 상상화를 통해 창의력과 표현력을 키워 봅니다.

준비해 보아요

도화지, 네임펜, 채색 도구, 시청각 자료(자연 재해 동영상, 대처 요령 등)

생각상자를 열어 보아요

1. 도입

오늘은 자연 재해에 대해 이야기를 나누고, 갑작스러운 자연 재해가 닥쳤을 때 어떻게 해야 하는지 이야기할 거예요.

2. 전개

① 자연 재해는 무엇일까요?

② 자연 재해에는 어떤 것들이 있을까요?

③ 자연 재해를 겪어 본 적 있나요?

④ 자연 재해를 겪었을 때 기분이 어땠나요?

⑤ 자연 재해가 일어났을 때 제일 먼저 어떤 행동을 취했나요?

⑥ 자연 재해가 일어났을 때 어떻게 하는 것이 가장 올바른 방법일까요?

⑦ 만약 자연 재해가 일어났을 때 대피할 수 있는 지하 벙커가 있다면 어떨까요?

⑧ 그 벙커는 어떤 모습일까요?

⑨ 누구와 함께 벙커로 도망치고 싶나요?

⑩ 벙커 안에는 어떤 것들이 갖춰져 있어야 할까요?

⑪ 벙커를 디자인할 수 있다면 어떤 구조로 디자인하고 싶나요?

3. 마무리

자연 재해가 일어났을 때 대피할 수 있는 지하 벙커를 그려 봅니다.

자, 시작해 볼까요?

1. 스케치하기

• 땅 속의 세상은 어떻게 생겼을지 상상하면서 나만의 지하 벙커를 스케치합니다.

활용 Tip

• 아이가 상상하기를 어려워하면 지하 벙커 안에 무엇이 있으면 좋을지, 무엇을 가지고 가면 좋을지 등 다양한 질문을 통해 소재를 유도합니다.

• 공간을 구획한 후 침실, 작업 공간, 놀이방, 샤워실, 서재, 화장실 등 다양한 공간을 만들고 공간 안에 위치한 것들을 디테일하게 그리도록 지도하세요.

2. 라인 그리기

• 사인펜으로 라인을 따라 그립니다.

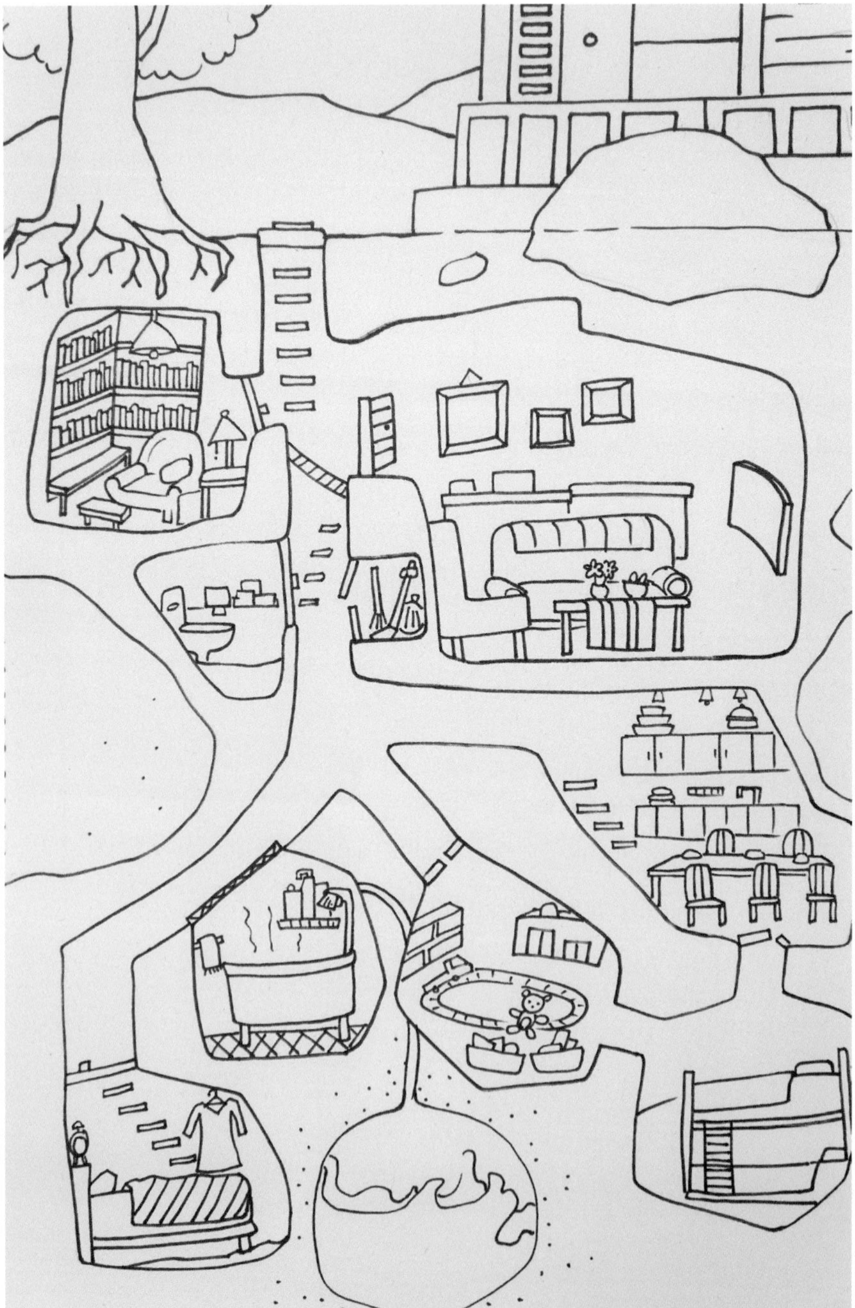

3. 색칠하기

• 색연필과 크레파스를 사용하여 색칠합니다.

활용 Tip

• 바탕을 제외한 나머지 부분은 색연필과 크레파스만 사용하여 색칠합니다.
• 넓은 면적은 크레파스로, 좁은 면적은 색연필로 색칠합니다.

4. 마무리하기

- 물감을 이용하여 배경을 색칠합니다.

활용 Tip

- 친구들의 지하 벙커에는 무엇이 있는지, 나와 같은 공간이 있는지, 나의 지하 벙커와 친구의 지하 벙커는 무엇이 다른지 비교해 보고 이야기를 나눠 봅니다.
- 자연 재해에 대한 경각심을 가질 수 있도록 자연 재해가 발생했을 때 어떻게 해야 하는지 이야기를 나눠 봅니다.

새롭게 알게 됐어요

■ 자연 재해

태풍, 호우, 홍수, 폭풍, 해일, 폭설, 가뭄, 지진 등의 자연 현상으로 인해 발생하는 피해를 말합니다.

■ 자연 재해 대처 요령

❶ 태풍과 홍수 : 산, 계곡, 방파제 등의 근처에 위험이 있는 오래된 주택이나 건물 안에 있다면 무너질 것을 대비하여 즉시 대피합니다. 정전 시 일어날 수 있는 상황을 위해 양초, 배터리, 랜턴 등을 준비하여 침수 지역을 벗어납니다.

❷ 지진 : 진동을 느끼는 즉시 튼튼한 테이블이나 책상 밑으로 몸을 숨깁니다. 근처에 테이블에 없다면 딱딱한 것으로 머리를 보호합니다.

❸ 산불 : 발견 즉시 소방서, 산림청, 경찰서 등의 산림 관련 부서에 신고합니다. 규모가 클 시 산불이 발생한 위치에서 멀리 떨어진 곳으로 대피합니다.

■ 지하 벙커

전쟁 시 군인들이 몸을 숨기거나 쉴 수 있도록 군사적 목적으로 만들어진 공간입니다. 우리나라에서도 2008년 숭례문 복구 현장에서 한국 전쟁 이후 설치된 것으로 추정되는 지하 벙커가 발견되었다고 합니다.

우주선과 우주인

무엇을 배울까요?

① 우주의 모습을 살펴보고 우주 공간에 어떤 것들이 있는지 배워 봅니다.

② 우주선의 형태와 구조를 배워 봅니다.

③ 물감 밀기 기법을 배워 봅니다.

준비해 보아요

도화지(검정, 흰색), 튜브 물감, 우드락 조각(또는 하드보드지 조각), 가위, 풀, 흰색 펜, 색종이, 시청각 자료(우주인과 우주선 사진, 행성 사진, 우주와 관련된 동영상 등)

생각상자를 열어 보아요

1. 도입

오늘은 우주 공간과 그 우주 공간에 무엇이 있는지 배울 거예요.

2. 전개

① 우리가 살고 있는 별은 어떤 별인가요?

② 우리가 살고 있는 지구 밖에는 무엇이 있을까요?

③ 지구 밖의 공간을 무엇이라고 부를까요?

④ 내가 생각하는 우주는 어떤 곳인가요?

⑤ 우주에 인간 말고 다른 생명체가 살고 있다고 생각하나요? 만약 살고 있다면 어떤 모습의 생명체일까요?

⑥ 우주로 가기 위해서는 무엇을 타야 할까요?

⑦ 우주선은 어떻게 생겼을까요?

⑧ 우주로 가기 위해서는 어떤 옷을 입어야 할까요?

⑨ 우주복은 어떻게 생겼을까요?

3. 마무리

태양계의 수많은 행성, 우주선과 우주인, 외계인의 모습을 상상해 보면서 우주의 모습을 그려 봅니다.

자, 시작해 볼까요?

1. 스케치하기

• 흰 색 도화지에 우주선과 우주인을 스케치합니다.

활용 Tip

• 우주선 아래 불꽃을 그리면 더욱 생동감을 느낄 수 있습니다.
• 우주선과 우주인을 그릴 때 전체적인 형태를 먼저 그린 후 디테일을 완성합니다.
• 우주선과 우주복의 구조를 이해할 수 있도록 사진이나 영상 등의 시청각 자료를 통해 충분히 관찰할 수 있도록 해 주세요.
• 기본 형태에 상상력을 더하여 표현하도록 합니다.

2. 우주선과 우주인 완성하기

• 다양한 채색 도구를 사용해서 우주선과 우주인을 색칠합니다.
• 예쁘게 색칠한 우주선과 우주인을 가위로 오립니다.

활용 Tip

• 색연필, 4B 연필, 크레파스 등 다양한 채색 도구를 이용하여 색칠합니다.
• 우주인의 머리 부분과 우주선의 창문을 색칠할 때 사선으로 빗금을 그려서 유리의 질감과 광택을 표현해 줍니다.
• 가위로 오릴 때 우주인의 발 아래와 우주선 아래에 그림과 같이 여백의 공간을 남겨 둡니다.

3. 물감 밀기

- 검정색 도화지에 원하는 색의 물감을 떨어뜨립니다.
- 우드락 조각으로 물감을 그림과 같이 밀어 줍니다.

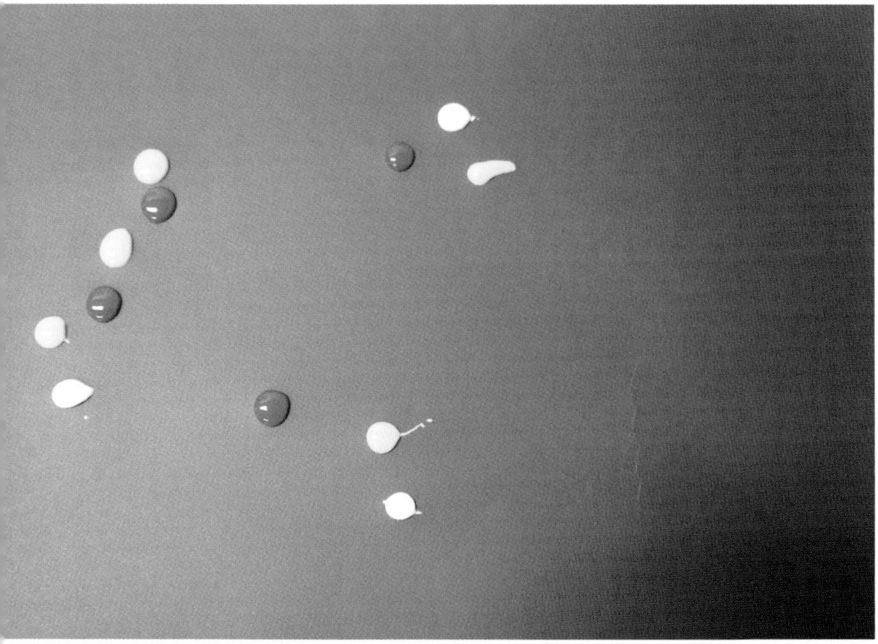

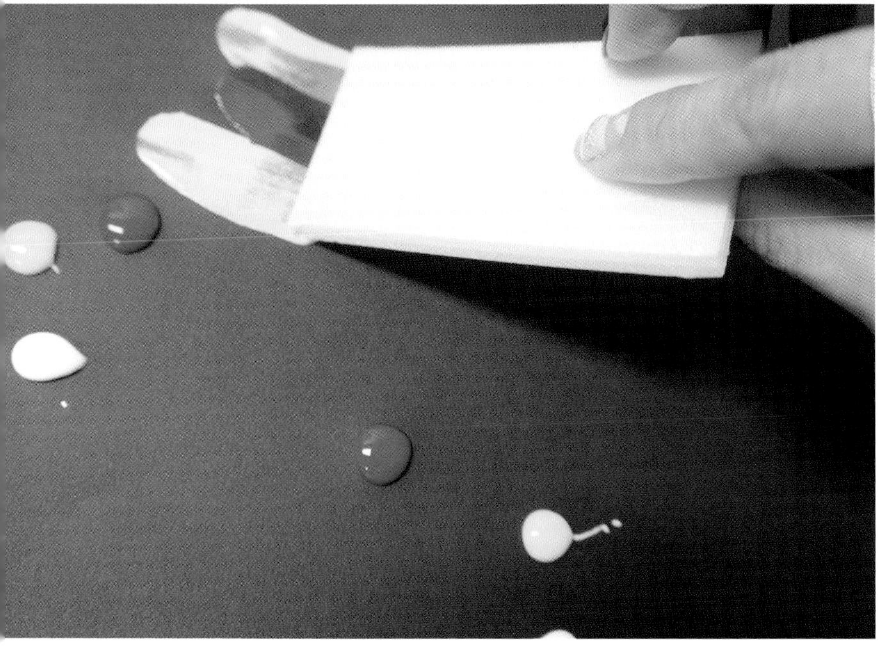

활용 Tip

- 여러 가지 색상을 사용하여 멋진 우주의 모습을 연출합니다.
- 우드락 조각으로 물감을 밀 때 앞뒤로만 미는 것이 아니라 곡선이나 S자를 그리는 등 형이상학적인 모양을 그리도록 지도하세요.

4. 배경 꾸미기

- 색종이에 별을 그린 후 오려서 붙입니다.
- 빈 공간에 인공위성, 블랙홀, 외계인 등을 그립니다

활용 Tip

- 스티커나 반짝이 등 아이가 원하는 부재료를 활용하여 꾸며 주면 더욱 화려하고 멋진 우주의 모습이 완성됩니다.

5. 마무리하기

- 우주선과 우주인을 오릴 때 남겨 둔 여백을 그림과 같이 뒤로 접은 후 원하는 위치에 붙입니다.
- 내가 만든 우주선과 우주인의 모습을 감상해 봅니다.

활용 Tip

- 친구들은 우주에 무엇을 그렸는지, 친구가 그린 우주선과 우주인의 모습은 어떤지 살펴보고 우주 공간에 대한 이야기를 나눠 봅니다.
- 빈 종이에 내가 상상하는 외계인의 모습을 그린 후 우주인 옆에 붙여 봅니다.

새롭게 알게 됐어요

■ 물감 밀기

물감을 종이 위에 짜거나 떨어뜨린 후 우드락, 하드보드지 등의 두꺼운 종이로 밀어서 표현하는 기법입니다.

■ 구조

부분이나 요소가 모여서 만들어 내는 전체를 의미합니다.

■ 형태

사물의 생김새를 의미하는 단어로 전체를 이루고 있는 구성체가 일정하게 갖추고 있는 모양을 말합니다.

■ 양감

표현하는 대상의 부피감, 무게감, 덩어리감을 말합니다.

■ 질감

눈으로 보거나 손으로 만졌을 때 느낄 수 있는 표면의 성질을 의미합니다.

■ 우주

인류가 살고 있는 가장 큰 공간입니다. 우주 공간 속에 '우리 은하'가 있고, 우리 은하 속에 '태양계'가 있고 우리가 살고 있는 '지구'는 바로 이 태양계에 속해 있습니다. 우리 은하에는 지구 외에도 태양, 달, 수성, 금성, 화성, 목성, 토성 등 많은 별이 존재하고 있습니다.

CHAPTER 04

놀이랑 미술이랑 다 함께 놀아요 – 놀이미술

딱지 디자인

무엇을 배울까요?

① 나만의 개성 있는 딱지를 디자인해 봅니다.

② 종이 접기를 통해 협응력과 집중력을 기릅니다.

③ 손의 소근육을 발달시킵니다.

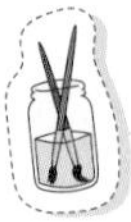

준비해 보아요

두꺼운 종이 2장, 가위, 채색 도구, 딱지 꾸미기에 필요한 부재료(스티커, 색종이 등)

생각상자를 열어 보아요

1. 도입

① 오늘은 여러분이 좋아하는 딱지치기에 대해 배워 보고, 친구들과 함께 딱지치기를 할 거예요.

② 딱지치기란 무엇일까요?

③ 딱지치기의 다른 이름은 무엇일까요?

2. 전개

① 딱지치기를 해 본 적 있나요? 만약 있다면 누구와 해 봤나요?

② 딱지치기의 규칙을 알고 있나요?

③ 지역마다 딱지치기의 규칙이 다르다는 것을 알고 있나요?

④ 내가 사는 지역에서는 어떤 방법으로 딱지치기를 했나요?

⑤ 나는 딱지를 몇 개나 가지고 있나요?

⑥ 내가 갖고 싶은 딱지는 어떤 것인가요?

⑦ 가장 강력한 딱지를 만드는 나만의 비법을 말해보세요.

3. 마무리

내가 갖고 싶은 딱지의 모습을 직접 디자인해 보고, 세상에 단 하나뿐인 나만의 슈퍼 딱지를 만들어 봅니다.

자, 시작해 볼까요?

1. 종이 오리기

- 준비해 놓은 2장의 종이를 그림과 같이 긴 직사각형 모양으로 오립니다.
- 종이를 오린 후 더하기(+) 모양으로 갈려서 놓습니다

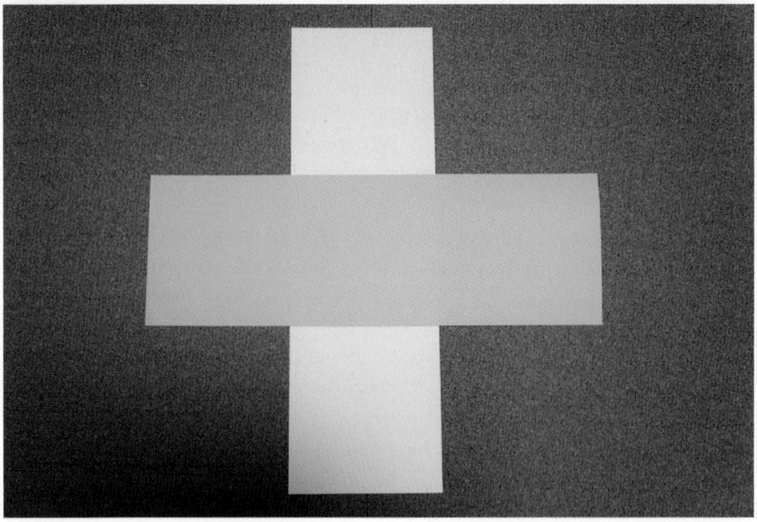

활용 Tip

- 정사각형이 되지 않도록 주의하세요.
- 2장의 종이를 균등하게 오릴 수 있도록 지도하세요.
- 두께감 있는 종이를 사용하는 것이 좋습니다.

2. 딱지 접기

- 그림과 같이 종이의 끝을 이등변삼각형 모양으로 접습니다.
- 하나씩 돌아가면서 한 방향으로 접습니다.
- 네 귀퉁이를 다 접은 후, 삼각형 모양으로 접힌 종이를 그림과 같이 끼워 넣습니다.

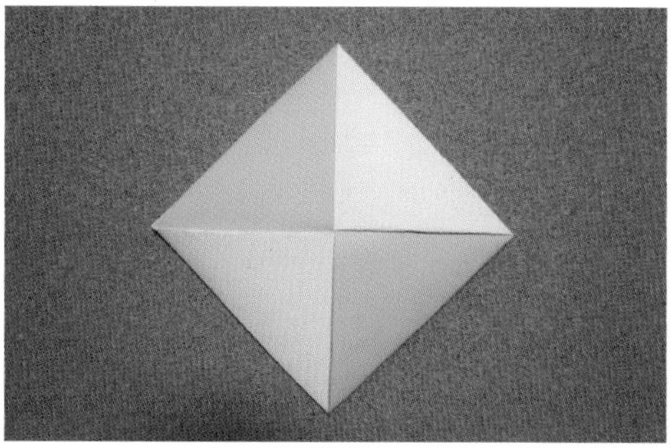

활용 Tip

- 딱지에 두꺼운 종이를 덧붙이는 방법으로 부피와 중량을 키워서 더욱 강력한 딱지를 만들 수 있습니다.
- 스티커를 이용하면 더욱 화려하고 예쁜 딱지를 만들 수 있습니다.
- 친구들과 다 함께 딱지치기를 하면서 유대감과 사회성을 키워 봅니다.
- 다른 지역에서 온 친구들과 함께 딱지치기를 할 경우 새로운 규칙을 배울 수 있습니다. 다양한 규칙들을 습득 및 적용하는 법을 배우면서 더욱 즐거운 딱지치기를 할 수 있습니다.

새롭게 알게 됐어요

■ 협응력

두 가지 이상의 감각 기관이 서로 협조하여 발휘되는 능력을 말합니다. 머리, 팔, 손, 손가락 순으로 발달합니다.

■ 디자인

'표현하다, 성취하다'는 뜻을 가지고 있는 라틴어의 데시그나레(designare)에서 유래한 단어입니다. 주어진 목적을 실체화하는 것을 말합니다.

■ 딱지

아이들이 가지고 노는 장난감의 한 종류입니다. 두꺼운 종이를 네모난 모양으로 접어서 만드는 것이 일반적입니다. 지역에 따라 딱지의 종류와 노는 방법이 다양합니다.

■ 딱지치기

딱지를 땅바닥에 놓은 후 다른 딱지로 쳐서 뒤집거나 금 밖으로 다른 사람의 딱지를 내보내는 놀이입니다.

돌아라, 팽이야!

무엇을 배울까요?

① 연상 드로잉을 통해 창의력, 표현력, 추상적 사고력을 기릅니다.

② 놀이와 미술을 함께 경험하면서 오감을 발달시킵니다.

③ 우리나라의 전통 놀이 중 하나인 팽이치기를 통해 전통 문화에 대한 호기심을 자극하고 팽이 돌리는 법을 배워 봅니다.

준비해 보아요

두들스핀(두들탑) 팽이, 채색 도구, 도화지

생각상자를 열어 보아요

1. 도입

① 빙글빙글 돌아가는 것들을 떠올려 보세요. 어떤 것들이 있을까요?

② 오늘은 그중에서도 팽이를 이용하여 작품을 만들 거예요. 내가 돌리는 대로 그림 그리는 팽이를 본 적 있나요?

2. 전개

① 평소에 팽이를 자주 돌리나요?

② 친구와 함께 팽이 돌리기를 해 본 적 있나요? 어떤 방법으로 했나요?

③ 팽이를 잘 돌리려면 어떻게 해야 하나요?

④ 팽이를 갖고 있나요?

⑤ 내가 갖고 있는 팽이 중 가장 아끼는 팽이는 어떻게 생겼나요?

⑥ 만약 팽이를 만든다면 어떤 팽이를 만들고 싶나요?

(날개가 달려 있어서 하늘을 날아다니는 팽이, 톱니바퀴가 달려있는 강력한 팽이 등)

3. 마무리

팽이를 이용해서 도화지에 재미있는 궤적을 만들어 보고, 그 궤적을 보고 연상되는 것을 자유롭게 그려 봅니다.

자, 시작해 볼까요?

1. 팽이 궤적 만들기

• 스케치북을 펼쳐 놓고 그 위로 팽이를 신나게 돌립니다.

활용 Tip

• 친구와 게임을 하거나 신나는 음악을 들으면서 즐겁게 돌릴 수 있도록 합니다.
• 두들스핀 구입처 : 아트공구에서 '그림 그리는 팽이', '드로잉 팽이' 검색 (https://www.art09.co.kr)

2. 스케치하기

• 궤적을 보고 연상되는 그림을 그립니다.

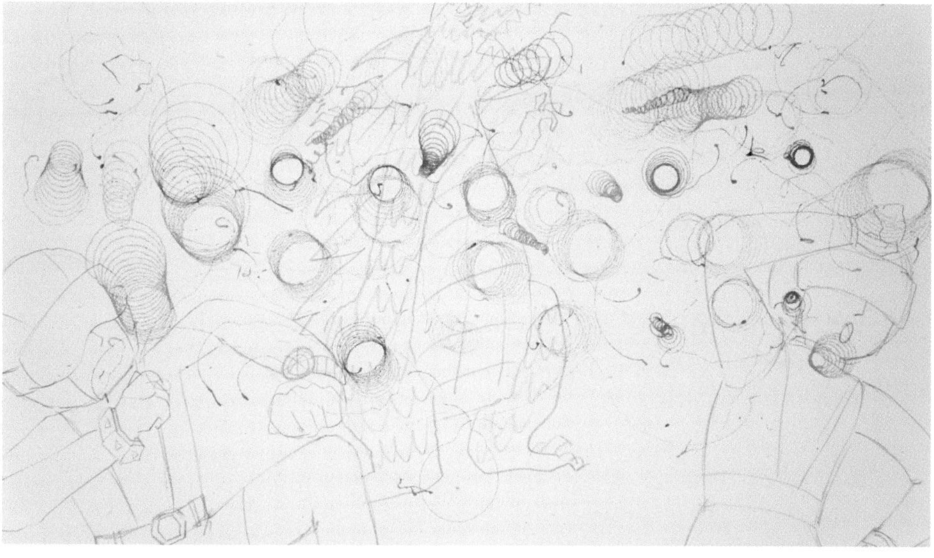

3. 마무리하기

• 사인펜이나 색연필로 라인을 따라 그립니다.

활용 Tip

• 궤적이 잘 보이도록 별도의 채색은 하지 않습니다. 라인만 그리는 것도 미완성이 아니라 그 자체로 하나의 작품이자 표현 방식이 될 수 있음을 알려 줍니다.
• 채색을 할 경우 궤적이 묻히지 않도록 주의하세요.
• 친구들은 팽이의 궤적으로 무엇을 표현했는지 감상해 보고 서로의 작품을 공유하는 시간을 가져 봅니다.

새롭게 알게 됐어요

■ 팽이

나무의 끝을 뾰족하게 깎은 후 쇠구슬 따위의 심을 박아서 만든 장난감입니다. 기원전 3500년경의 도시인 우르(Ur)에서 발견된 팽이(top)가 역사상 최초인 것으로 알려져 있습니다.

■ 두들스핀

가운데 핀 대신 연필이나 색연필이 달려 있는 팽이를 말합니다.

텔레비전에 내가 나왔으면

무엇을 배울까요?

① TV 프로그램을 구상해 봅니다.

② TV 속에 출연한 내 모습을 떠올리면서 상상력을 키워 봅니다.

③ 평소 익숙하고 친숙한 소재로 미술 작품을 만들어 봄으로써 관찰력과 표현력을 키워 봅니다.

준비해 보아요

스케치북, 색연필, 네임펜, 칼, OHP 필름, TV 프레임 종이, 아이스크림 막대기, 가위, 풀, 양면테이프, 수채 물감, 내 사진(전신이 다 나온 사진, 흉상까지만 나온 사진, 누워 있는 사진 등 다양한 사진을 프린트하여 준비)

생각상자를 열어 보아요

1. 도입

① "텔레비전에 내가 나왔으면 정말 좋겠네, 정말 좋겠네~" 이런 노래를 들어 본 적 있나요?

② 오늘은 텔레비전 속에 내가 나온다면 어떻게 될지 상상해 보는 시간을 가질 거예요.

2. 전개

① 평소 텔레비전을 자주 보는 편인가요?

② 어떤 프로그램을 자주 보나요?

③ 내가 좋아하는 프로그램 속에 내가 나온다면 어떤 기분일까요?

④ 내가 좋아하는 프로그램에 출연할 기회가 생긴다면 제일 먼저 무엇을 하고 싶나요?

⑤ 새로운 프로그램을 기획할 수 있는 기회가 생긴다면 어떤 프로그램을 만들고 싶나요?

⑥ 그 프로그램 속에서 내 역할은 무엇인가요?

⑦ 나의 프로그램에 어떤 출연자를 초대하고 싶은가요? 이유는 무엇인가요?

⑧ 어떤 옷을 입고 텔레비전에 나오고 싶나요?

3. 마무리

내가 나오고 싶은 텔레비전 프로그램을 상상해 보고, 텔레비전 프로그램에 출연한 내 모습을 만들어 봅니다.

자, 시작해 볼까요?

1. OHP 필름 붙이기

• OHP 필름에 양면테이프를 붙인 후 TV 프레임을 붙입니다.

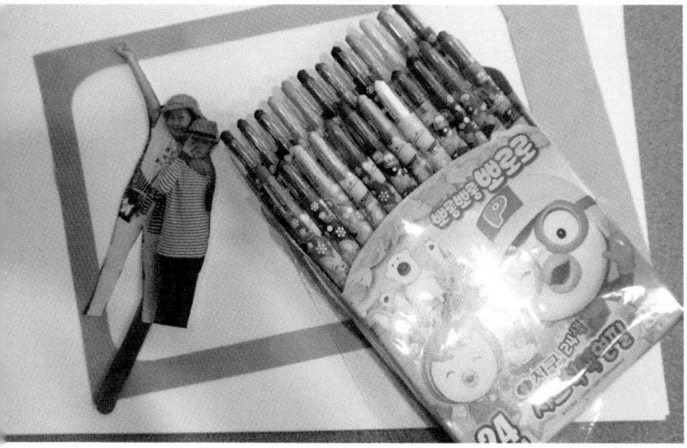

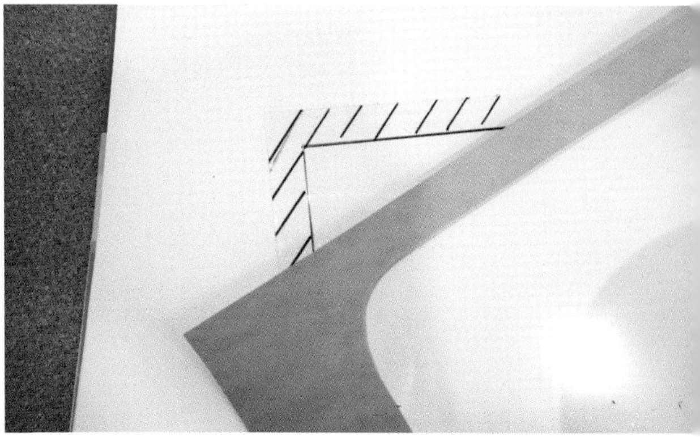

활용 Tip

• OHP 필름에 미리 양면테이프를 붙여 놓으면 원활하게 수업을 진행할 수 있습니다.

2. TV 프레임에 우드락 붙이기

• TV 프레임 뒷부분에 우드락을 붙입니다.

활용 Tip

• TV 프레임 뒤에 우드락을 붙이면 입체감이 살아나 실제 TV와 더욱더 유사해 보입니다.

3. 배경 스케치하기

• TV 프로그램의 주제를 정하고 밑그림을 그립니다.

활용 Tip

- 평소 즐겨보는 만화영화, 뉴스, CF, 내가 PD가 된다면 만들고 싶은 프로그램 등 다양한 프로그램 속에서 선택의 폭을 넓힐 수 있도록 예시를 제시해 주세요.

4. 색칠하기

• 다양한 채색 도구를 사용해 자유롭게 색칠합니다.

4. 마무리하기

- 완성된 배경을 스케치북 위에 붙인 후 그 위에 TV 프레임 종이를 붙입니다.
- 내 사진을 오린 후 사진 뒷면에 스카치테이프로 막대기를 고정합니다.

활용 Tip

- "텔레비전에 내가 나왔으면 정말 좋겠네~" 다 함께 동요를 불러 봅니다.
- 완성된 작품에 대해 친구들과 이야기를 나눠 봅니다.
- TV 프로그램과 어울리는 대사를 해 보기도 하고 친구의 TV 프로그램에 출연하기도 하는 등 작품과 관련된 연계활동을 하면서 상상력을 자극할 수 있도록 유도하세요.
- 사진이 없거나 마음에 들지 않으면 자신의 모습을 직접 그릴 수 있도록 지도하세요.

용돈 봉투를 만들어 봐요

무엇을 배울까요?

① 세뱃돈의 유래에 대해 배워 봅니다.

② 나만의 멋진 봉투를 디자인해 봅니다.

준비해 보아요

펠트지(사이즈 가로 26cm, 세로 8cm), 키친 타올, 금박지, 다리미, 한지, 풀, 봉투 도안, 다양한 꾸미기 재료

생각상자를 열어 보아요

1. 도입

오늘은 명절에 가족끼리 무엇을 주고받는지 이야기를 나눠 보고 용돈 봉투를 만들 거예요.

2. 전개

① 명절에 용돈을 받아 본 적 있나요?

② 명절에 부모님께 용돈을 드려 본 적 있나요?

③ 부모님께 어떻게 용돈을 드리면 더 좋아할까요?

④ 용돈을 넣을 수 있는 봉투를 뭐라고 부를까요?

⑤ 설날에 세배를 하면 받는 돈을 무엇이라고 부를까요?

⑥ 세뱃돈은 어디에서 유래되었을까요?

3. 마무리

우리나라의 전통 한지를 이용하여 나만의 특별한 용돈 봉투를 만들어 봅니다.

자, 시작해 볼까요?

1. 한지 자르기

• 도안의 모양대로 한지를 자릅니다.

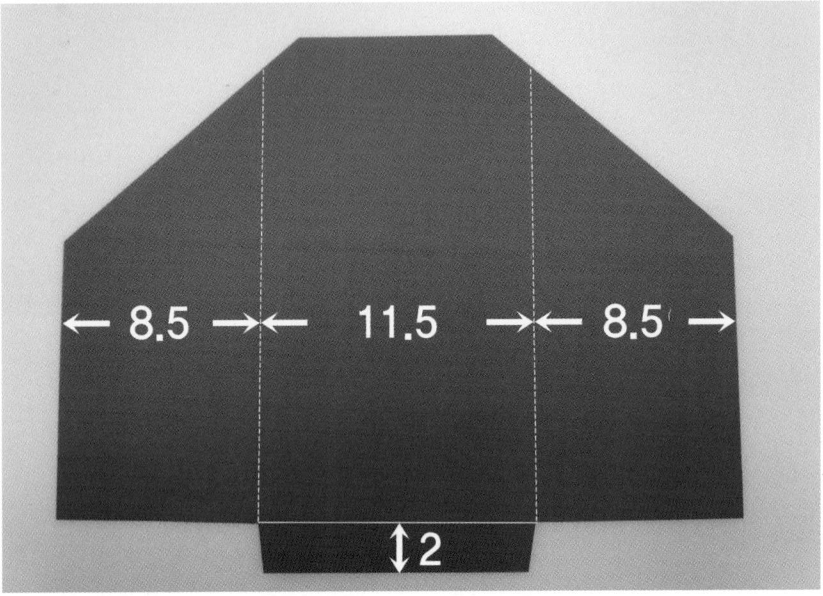

활용 Tip

• 한지는 두께가 굉장히 얇습니다. 한지를 선택할 때 두께감이 있는 한지를 사용하여 쉽게 찢어지지 않도록 합니다.

2. 한지 접기

• 그림과 같이 옷고름 모양으로 접은 후 풀로 붙입니다.

3. 봉투 꾸미기

• 한지와 색종이, 반짝이 종이, 비즈 스티커 등을 이용하여 봉투 윗부분을 꾸며 줍니다.

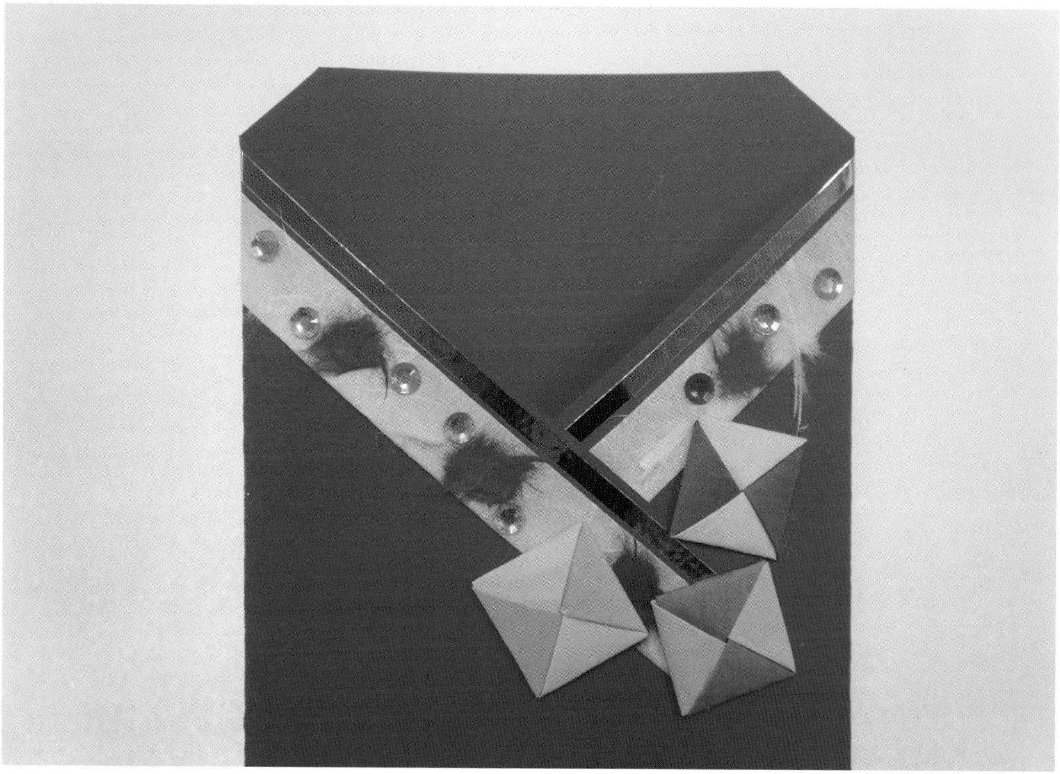

활용 Tip

• **색종이로 딱지를 접은 후 봉투를 꾸며 줍니다.** (본 교재의 '딱지치기' 편 참고)

4. 종이 위에 찍기

- 검은색 펠트지를 길게 잘라서 봉투에 두르는 띠를 만듭니다.
- 검은색 펠트지 위에 금박지를 올려놓고 키친 타올을 덮어 줍니다.
- 다리미로 30초 정도 지그시 눌러서 전사시킵니다.
- 키친 타올을 제거하고 펠트지 위에 전통 문양이 잘 새겨졌는지 확인합니다.

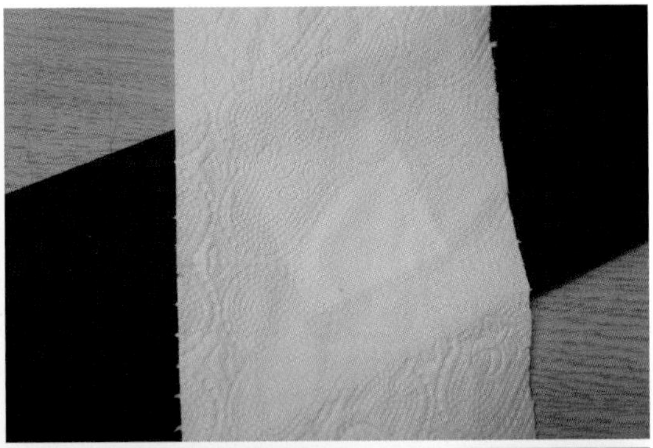

활용 Tip

- 다리미를 사용할 때 다치지 않도록 주의합니다.

5. 펠트지 감기

- 완성된 펠트지를 그림과 같이 감아 줍니다.

6. 작품 완성하기

- 봉투 안에 그림과 같이 흰 봉투를 넣어 줍니다.

활용 Tip

- 친구들의 작품을 감상해 보고 부모님 외 용돈을 드리고 싶은 사람이 있는지 이야기를 나눠 보는 시간을 가져 봅니다.

새롭게 알게 됐어요

■ 세배

새로운 해를 맞이하여 웃어른께 드리는 문안 인사를 말합니다.

■ 세뱃돈

차례를 마친 후 아랫사람이 윗사람에게 세배를 올리면 세배를 받은 사람이 세뱃값으로 주는 돈을 말합니다.

■ 세뱃돈의 유래

중국에서는 부모가 결혼하지 않은 자식들에게 붉은 봉투에 돈을 넣어서 주곤 했습니다. 중국에서는 이를 '홍바오'라고 부릅니다. 홍바오는 붉은 봉투를 뜻하는 중국말로 붉은색은 행운을 상징한다고 합니다. 이 풍속은 이웃 나라인 일본에도 전해졌고, 우리나라에서는 20세기 이후 세뱃돈을 주고받는 문화로 형태가 바뀌어서 자리 잡게 되었습니다.

■ 도안

무언가를 만들 때 좀 더 용이하게 만들 수 있도록 모양을 본떠 놓은 그림을 말합니다.

■ 전사

그림이나 글 따위를 옮겨 베끼는 것을 말합니다.

놀이기구를 타요

무엇을 배울까요?

① 즐거웠던 경험을 상기하여 경험화를 그려 봅니다.

② 인물화 그리기를 통해 비례, 균형, 동세를 배워 봅니다.

③ 평면 위에서 움직이는 놀이기구를 만들어 봅니다.

준비해 보아요

도화지 3장, 채색 도구, 가위, 할핀, 안전 장갑, 시청각 자료(놀이기구 사진, 놀이기구 동영상 등)

생각상자를 열어 보아요

1. 도입

① 놀이공원에서 놀이기구를 탔던 경험을 떠올려 봅니다.

② 놀이공원은 어떤 곳일까요?

③ 놀이공원에 가 본 적 있나요?

2. 전개

① 놀이공원에 누구와 함께 갔나요?

② 놀이공원에서 무엇을 먹었나요?

③ 놀이공원에서 어떤 놀이기구를 탔나요?

④ 놀이공원에서 어떤 놀이기구를 타고 싶나요?

⑤ 놀이기구를 탔을 때 어떤 기분이 들었나요?

⑥ 놀이기구를 탄다면 어떤 기분이 들 것 같나요?

⑦ 만약 내가 놀이기구를 만들 수 있다면 어떤 놀이기구를 만들고 싶나요?

⑧ 위에서 아래로 뚝 떨어지는 자이로드롭을 타 본 적 있나요? 기분이 어땠나요?

⑨ 자이로드롭은 어떻게 움직이나요? 손가락으로 움직이는 모양을 그려 보세요.

⑩ 바이킹은 어떻게 움직이나요? 손가락으로 움직이는 모양을 그려 보세요.

3. 마무리

여러 가지 놀이기구 중에서 위, 아래로 움직이는 놀이기구를 그려 보고 실제로 움직이도록 만들어 봅니다.

자, 시작해 볼까요?

1. 스케치하기

- 위, 아래로 직선 운동을 하는 놀이기구 중 하나를 선택합니다.
- 첫 번째 도화지에 놀이기구의 기둥 부분을 그립니다.
- 두 번째 도화지에 움직이는 부분을 그리고, 그 안에 타고 있는 사람들을 그립니다.

활용 Tip

- 사람들을 그릴 때 동세와 비례에 유의하여 그립니다.
- 팔다리를 쭉 뻗고 있는 사람, 머리카락이 하늘 위로 휘날리는 사람, 겁에 질려 부동자세로 굳어 있는 사람, 친구와 손을 잡고 있는 사람 등 다양한 유형의 사람들을 통해 운동감과 동세를 표현해 주세요.
- 찡그리는 표정, 울고 있는 표정, 너무 즐거워서 웃고 있는 표정 등 생동감 넘치는 표정을 그립니다.
- 인물을 표현할 때 생략, 과장, 변형 등을 통해 재미있게 표현할 수 있도록 지도하세요.
- 인물의 표정과 자세를 통해 각각의 인물들을 개성 있게 표현해 줍니다.

2. 색칠하기

- 놀이기구의 주조색을 정합니다.
- 주조색으로 기둥 부분 전체를 색칠한 후 주조색과 비슷한 계열의 색들을 선택합니다.
- 그림과 같이 단계별로 채색하여 명암을 줍니다.
- 색연필과 물감 등으로 나머지 부분을 색칠합니다.

3. 움직이는 부분 그리기

- 사인펜으로 두 번째 도화지에 그린 놀이기구의 라인을 따라 그립니다.
- 라인을 따라 오립니다.

4. 놀이기구에 칼선 넣기

- 첫 번째 도화지에 그린 기둥의 세로선을 따라 칼선을 넣어 줍니다.

활용 Tip

- 칼선을 넣을 때 안전 장갑을 꼭 착용합니다.
- 아직 칼 사용이 익숙하지 않은 아이들은 반드시 선생님의 도움을 받을 수 있도록 합니다.

5. 띠 만들기

- 세 번째 도화지로 그림과 같이 흰색 띠를 만듭니다.
- 그림과 같이 기둥 뒤로 띠를 통과시킨 후 양 날개를 접어서 붙입니다.

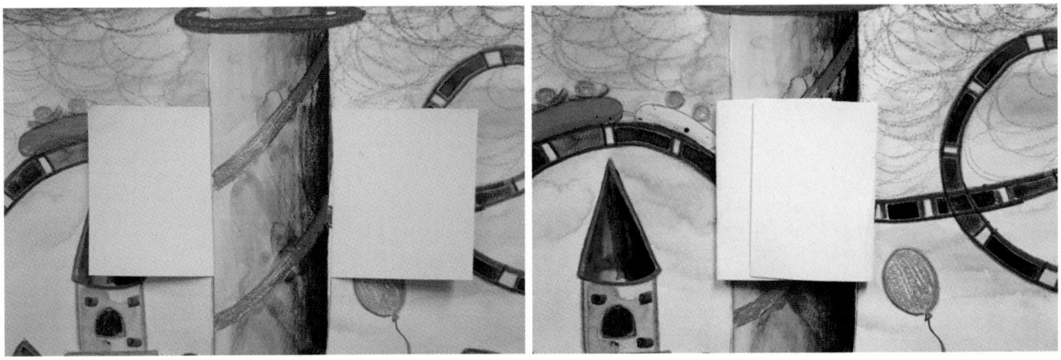

6. 마무리하기

- 띠 위에 놀이기구를 붙인 다음 위, 아래로 움직여 봅니다.

활용 Tip

- 놀이기구를 위, 아래로 움직이면서 놀이기구를 타고 있는 사람들이 어떤 말을 하고 있는지, 어떤 기분을 느끼고 있는지 이야기해 봅니다.
- 친구들의 작품과 내 작품을 비교해 보고 놀이기구를 탔던 경험을 공유합니다.

새롭게 알게 됐어요

■ 경험화

일상생활 속 경험들을 자유롭게 표현하는 그림을 말합니다.

■ 인물화

인물을 소재로 표정 변화, 동세, 자세 등을 특징과 개성이 나타나도록 표현하는 그림을 말합니다.

■ 주조색

약 60~70%의 면적을 차지하는 가장 넓고 주된 부분의 색을 의미합니다.

■ 인물화의 표현 요소

❶ 비례 : 부분과 부분, 전체와 부분과의 비율 관계를 말합니다.

❷ 균형 : 어느 한 쪽으로 치우치지 않은 평형 상태를 말합니다.

❸ 동세 : 움직이는 듯한 느낌, 속도감, 율동감, 방향감, 동적인 구도 등으로 생동감을 표현하는 것을 말합니다.

❹ 형태 : 인물의 표정, 자세, 성격 등의 특징을 표현하는 것을 말합니다.

상어 입 속으로

무엇을 배울까요?

① 상어에 대해 이야기를 나누고 어류의 특징을 살펴봅니다.

② 바닷속에 어떤 생물들이 살고 있는지 알아봅니다.

③ 빨대와 실을 이용하여 움직이는 그림을 만들어 봅니다.

④ 인상파의 특징과 인상주의의 대표적인 화가들은 누가 있는지 배워 봅니다.

⑤ 풍부한 시청각 자료를 통해 관찰력, 표현력을 길러 봅니다.

준비해 보아요

도화지 2장, 화이트(흰색 물감으로 대체 가능), 빨대, 실, 가위, 채색 도구, 스카치테이프, 상어에 대한 시청각 자료(사진, 영상 등), 인상파 화가들의 대표 작품 사진

1. 도입

① 오늘은 바닷속에 살고 있는 친구 중 아주 힘이 세고 무시무시한 친구를 그릴 거예요. 누구일까요?

② 시청각 자료를 통해 상어가 어떻게 생겼는지, 어떻게 움직이고 어떤 소리를 내는지 관찰할 거예요.

2. 전개

① 상어는 어떻게 생겼나요?

② 상어는 얼마나 클까요?

③ 상어의 특징은 무엇일까요?

④ 상어를 실제로 본 적 있나요? 어디서 봤나요?

⑤ 상어를 처음 봤을 때 어떤 느낌이 들었나요?

⑥ 상어는 무엇을 먹을까요?

⑦ 바닷속에는 상어 말고 또 어떤 생물들이 살고 있을까요?

3. 마무리

움직이는 상어와 바닷속 친구들을 직접 만들어 보고 바닷속 세상에 대해 이야기를 나눠 봅니다.

자, 시작해 볼까요?

1. 스케치하기

• 입을 크게 벌리고 있는 상어의 모습을 그립니다.

활용 Tip

• 상어의 얼굴을 부각시켜서 크게 그리도록 합니다.
• 입을 크게 벌리고 있는 모습으로 그릴 수 있도록 지도하세요.

2. 색칠하기

• 색연필로 라인을 그립니다.
• 수채 물감으로 색칠합니다.

활용 Tip

• 바다를 색칠할 때 바다와 유사한 색으로 전체를 색칠한 후 한 단계 어두운 톤으로 붓터치를 내 주는 방식으로 덧칠합니다.
• 흰색 물감 혹은 화이트를 이용하여 배경의 군데군데 그림과 같이 점을 찍어주면 훨씬 더 생생한 바닷속 세상을 만들 수 있습니다.
• 파란색 외에도 검푸른색, 녹색, 하늘색 등 다양한 색을 사용하여 바다를 표현할 수 있도록 지도하세요.
• 빛에 따라 바다의 색이 달라 보일 수 있다는 것을 설명해 주세요.

3. 바닷속 친구들 그리기

- 바닷속 친구들을 그립니다.
- 원하는 채색 도구로 색칠한 후 오립니다.

활용 Tip

- 상어의 입보다 작은 크기로 그립니다.
- 문어, 꽃게, 불가사리, 미역, 해파리, 인어공주 등 다양한 종류의 바닷속 친구들을 그립니다.

4. 빨대 붙이기

- 준비한 빨대를 2cm 정도의 크기로 자릅니다.
- 바닷속 친구들의 뒷면에 빨대를 붙입니다.

5. 실 연결하기

- 상어의 입 안쪽에 구멍을 낸 후 구멍 안으로 실을 통과시킵니다.
- 2~3줄 정도의 실을 통과시킵니다.
- 그림과 같이 종이 뒷면에 실을 고정합니다.

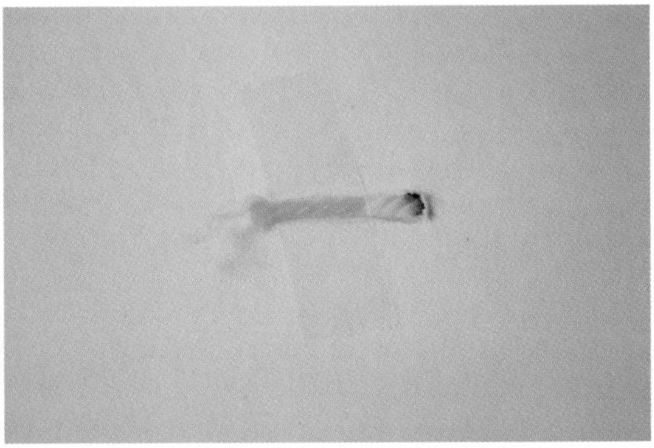

활용 Tip

- 작품 앞면이 아니라 뒷면에 실을 고정합니다.

6. 바닷속 친구들 끼우기

- 바닷속 친구들 뒷면에 붙인 빨대를 실에 차례대로 끼워 줍니다.

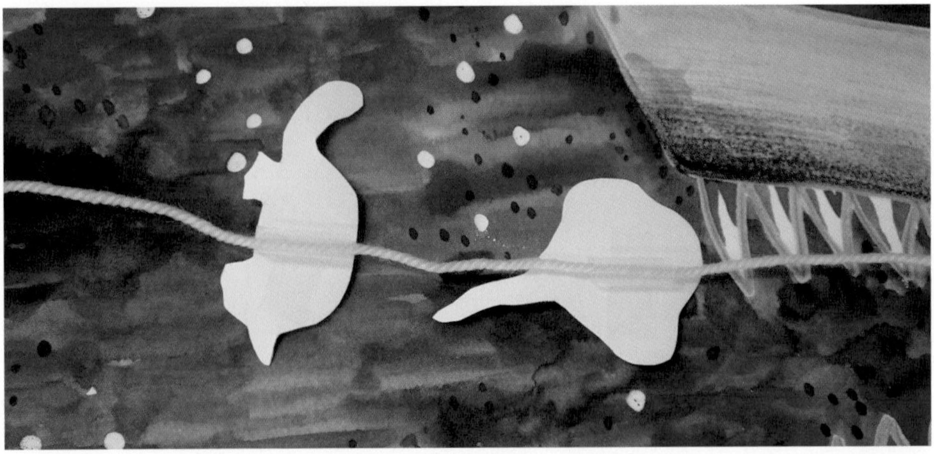

활용 Tip

- 빨대는 바닷속 친구들의 앞면이 보이도록 끼워 주세요.

7. 마무리하기

- 2~3줄의 실을 방사형으로 퍼뜨린 후 뒷면에 그림과 같이 고정합니다.
- 바닷속 친구들을 상어의 입과 가까워지도록 움직여 봅니다.

활용 Tip

- 친구들은 어떤 모습의 상어를 그렸는지, 어떤 바닷속 생물들을 그렸는지 살펴보는 시간을 갖습니다.
- 바닷속 친구들이 상어의 입 안으로 들어갈 때 어떤 말을 할지 상상해 봅니다.
  (으악~! 살려줘! 나는 먹는 게 아니라구!)
- 상어가 어떤 말을 하고 있을지 상상해 봅니다.

새롭게 알게 됐어요

■ 상어의 크기

까치상어같이 50m 정도 크기의 소형 상어부터 고래상어같이 18m 정도까지 자라는 대형 상어도 있습니다. 종류에 따라 다릅니다.

■ 인상파

자연을 하나의 색채 현상으로 보고 빛에 따라 변하는 색채에서 순간적으로 느껴지는 인상을 포착하여 그리는 것을 말합니다. 인상파의 대표적인 화가에는 모네, 고흐, 르느와르 등이 있습니다.

❶ 고흐 : 네덜란드 출신의 프랑스 화가로서 어두운 색채와 비참한 주제를 특징으로 한 작품을 선보였습니다.

❷ 모네 : 프랑스의 인상파 화가로 '빛은 곧 색채'라는 인상주의 원칙을 끝까지 고수했습니다. 연속된 작품들을 통해 동일한 사물이 빛에 따라 어떻게 변하는지를 표현했습니다.

❸ 르느와르 : 프랑스의 화가로 빛나는 색채 표현이 특징입니다. 이탈리아 여행 후 화면 구성에 깊은 의미를 쏟은 고전적인 경향을 띤 작품들을 주로 그렸습니다.

❹ 드가 : 프랑스의 화가로 화려한 색채감이 넘치는 근대적 감각을 주로 표현했습니다. 인물의 순간적인 포즈를 새로운 각도에서 부각시키는 것이 특징입니다.

스키장에서 일어난 일

무엇을 배울까요?

① 자석을 활용하여 색다르고 재미있는 미술 활동을 해 봅니다.

② 자석의 특징과 쓰임에 대해 배워 봅니다.

③ 인물의 동세에 대해 배워 봅니다.

④ 원근법을 배워 봅니다.

준비해 보아요

도화지 2장, 4B 연필, 지우개, 채색 도구, 나무 젓가락, 자석 2개, 글루건, 시청각 자료(스키장의 전체 모습이 담긴 사진, 신나게 스키를 타면서 눈 덮인 산을 내려오는 동영상 등)

생각상자를 열어 보아요

1. 도입

① 오직 겨울에만 즐길 수 있는 레포츠! 어떤 것들이 있을까요?

② 오늘은 겨울 레포츠에 대해 이야기를 나눌 거예요.

2. 전개

① 스키장에 가 본 적 있나요?

② 스키장의 풍경을 떠올려 보아요. 스키장에는 무엇이 있나요?

③ 스키는 어떻게 생겼나요?

④ 스키를 타 본 적 있나요?

⑤ 스키 타는 방법을 알고 있나요?

⑥ 스키를 탈 땐 어떤 복장을 해야 할까요?

⑦ 빠른 속도로 언덕을 내려오기 위해선 어떻게 해야 할까요?

⑧ 만약 스키장의 눈이 모두 사라진다면 어떻게 될까요?

⑨ 여름에도 스키를 탈 수 있을까요?

3. 마무리

특별히 자석을 이용하여 움직이는 그림을 만들어 봅니다. 먼저 스키 타는 사람을 그려 보고 친구들과 함께 즐거운 스키 타기 놀이를 합니다.

자, 시작해 볼까요?

1. 스케치하기

• 첫 번째 도화지에 스키장 풍경을, 두 번째 도화지에 스키 타는 사람을 그립니다.

활용 Tip

• 원근법을 이용하여 가까이 있는 것들은 크게, 멀리 있는 것들은 작게 그리도록 지도하세요.
• 스키를 타고 있는 사람의 자세에 유념하여 동세, 비례, 표정이 잘 나타나도록 묘사합니다.

2. 색칠하기

• 물감을 이용하여 배경과 인물을 색칠합니다.

활용 Tip

• 명암에 유의하여 색칠해 줍니다.

3. 표현하기

- 색연필을 이용하여 디테일한 부분까지 꼼꼼하게 색칠하고 명암을 넣어 주는 등 작품에 생동감을 불어넣어 줍니다.
- 두 번째 도화지에 그린 인물을 오립니다.

4. 나무젓가락 만들기

- 매직으로 나무젓가락을 자유롭게 꾸며 줍니다.
- 그림과 같이 나무젓가락의 한쪽 끝과 인물 뒷면 하단에 글루건을 이용하여 자석을 붙입니다.

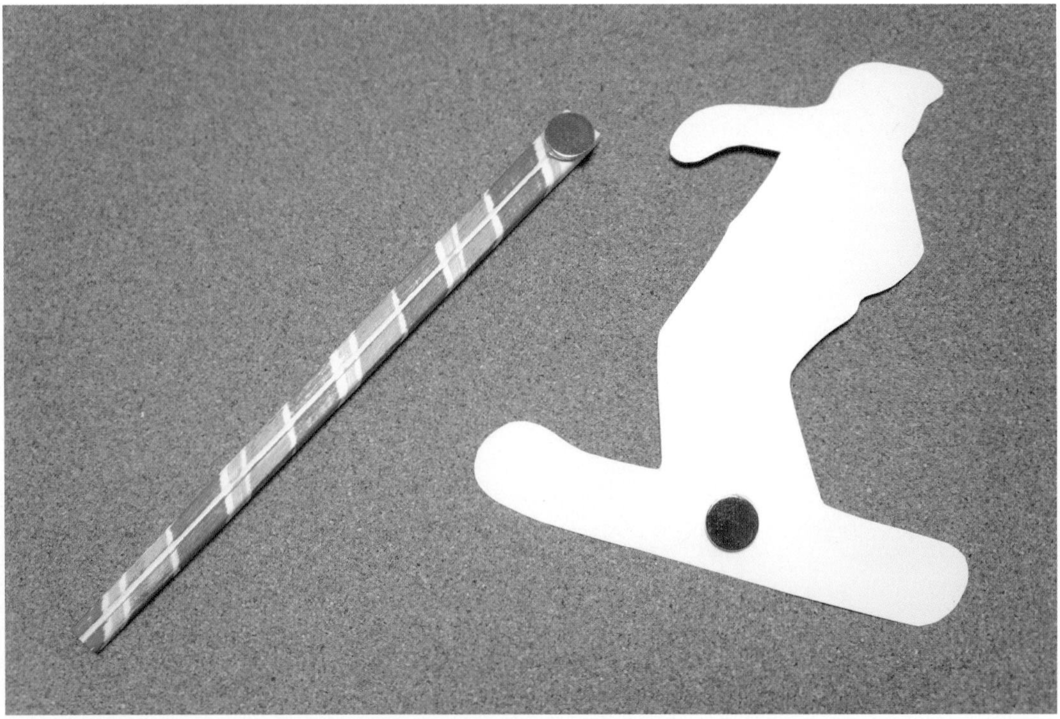

활용 Tip

- 자석을 붙이기 전, 서로 반대되는 극이 윗면에 오는지 확인 후 붙입니다.
- N극과 N극, S극과 S극이 만날 경우 서로 밀어내고 N극과 S극이 만나야만 서로 끌어당긴다는 것을 충분히 인지할 수 있도록 지도하세요.

5. 마무리하기

- 배경 위에 사람을 올립니다.
- 배경 뒷면에 나무젓가락을 대고 자석과 자석이 만날 수 있도록 위치를 조절합니다.
- 나무젓가락을 위에서 아래로, 아래에서 위로 움직여 봅니다.

새롭게 알게 됐어요

■ 자석

자성을 지닌 물체를 일컫는 말입니다.

■ 자성

쇳조각을 끌어당기거나 전류에 작용을 미치는 성질을 말합니다.

■ 원근법

우리의 눈에 보이는 공간 사상을 2차원의 평면 위에 묘사하는 회화 기법입니다. 다른 말로 투시 도법이라고 합니다.

책 밖으로 뛰어나온 동화

무엇을 배울까요?

① 팝업의 구조를 이해합니다.

② 동화의 한 장면을 입체적으로 표현해 봅니다.

③ 인물과 배경에 대해 배워 봅니다.

④ 원근감에 대해 배워 봅니다.

준비해 보아요

도화지 2장, 가위, 칼, 안전 장갑, 채색 도구, 풀, 꾸미기 재료(색종이, 실, 리본 등), 동화책

생각상자를 열어 보아요

1. 도입

① 오늘은 내가 준비한 동화책을 친구들에게 소개하고 함께 이야기를 나눌 거예요.

② 내가 준비한 책은 어떤 동화책인가요?

2. 전개

① 동화책을 선택한 이유는 무엇인가요?

② 평소 동화책을 자주 읽는 편인가요?

③ 내가 선택한 동화책에 나오는 인물 중 가장 좋아하는 인물은 누구인가요? 그 이유는 무엇인가요?

④ 동화책의 결말을 바꿀 수 있다면 어떻게 바꾸고 싶나요? 그 이유는 무엇인가요?

⑤ 어떻게 하면 동화책 속 한 장면을 입체로 만들 수 있을까요?

3. 마무리

동화책 속 한 장면을 골라서 원근감이 살아 있는 작품을 만들어 봅니다.

자, 시작해 볼까요?

1. 뒷면 스케치하기

- 도화지를 그림과 같이 두 번 접어서 앞면과 뒷면을 만듭니다.
- 앞면과 뒷면 중 앞면이 나를 향하도록 놓습니다.
- 뒷면에 내가 선택한 장면의 배경을 스케치합니다.

활용 Tip

- 도화지를 접을 때 3분의 2 비율로 접습니다.
- 배경과 인물을 구분하여 그릴 수 있도록 지도하세요.

2. 앞면 스케치하기

• 종이의 앞면에 배경 속에 놓여 있는 사물이나 배경의 디테일을 스케치합니다.

활용 Tip

• **배경을 그릴 때 종이의 뒷면에는 큰 배경을, 앞면에는 배경 속에 놓여 있는 사물이나 배경의 디테일을 그려 주면 입체감을 더욱 살릴 수 있습니다.**
(첫 번째 배경이 숲이라면 두 번째 배경은 숲 속의 나무와 벤치 등 숲 속에 놓여 있는 것들 위주로 그립니다.)

• **앞면의 배경을 뒷면의 배경보다 크게 그려서 원근감을 표현해 줍니다.**

3. 팝업 만들기

• 앞면을 오립니다.

• 그림과 같이 종이가 접히는 부분에 칼선을 낸 후 접습니다.

활용 Tip

• **칼을 사용할 땐 반드시 안전 장갑을 착용하도록 지도하세요.**

4. 동화 속 인물 스케치

• 남은 도화지에 동화 속 인물을 그립니다.

5. 색칠하기

• 채색 도구를 사용하여 인물과 배경을 색칠합니다.

• 색칠이 완료되면 인물을 그림과 같이 오립니다.

활용 Tip

• 배경을 색칠할 때 앞면의 배경은 밝고 선명하게, 뒷면의 배경은 흐리게 채색하여 원근감을 표현해 줍니다.

• 크레파스, 물감, 파스텔, 색연필 등 다양한 채색 도구를 사용하여 색칠할 수 있도록 지도하세요.

6. 마무리하기

• 인물을 그림과 같이 붙이면 작품이 완성됩니다.

활용 Tip

• 추가하고 싶은 인물이 있을 경우 별도의 도화지에 그린 후 앞면과 뒷면에 붙여 줍니다.
• 인물을 뒷면에 붙일 경우 앞면보다 작게, 앞면에 붙일 경우 뒷면보다 크게 그려 줍니다.
• 동화의 내용을 토대로 구연동화를 해 봅니다.
• 내가 만든 작품 속 인물들의 상황을 머릿속에 떠올리면서 다음 장면을 상상해 봅니다.

새롭게 알게 됐어요

■ 원근감

먼 곳에 있는 것은 흐릿하고 작게, 가까운 곳에 있는 것은 선명하고 크게 보이는 현상을 의미합니다.

■ 팝업북

책을 펼쳤을 때 그림이 튀어나오거나 움직이도록 만든 책을 말합니다.

■ 색의 3요소

❶ 색상 : 빨강, 주황, 파랑 등 이름으로 구별되는 특성이나 특질을 말합니다.

❷ 명도 : 색의 어둡고 밝은 정도를 말합니다.

❸ 채도 : 색의 선명한 정도, 진하고 옅은 정도를 말합니다. 다른 색을 섞지 않고 원색에 가까운 색일수록 '채도가 높다.'고 표현합니다. (새빨간색 - 채도가 높다, 팥죽색, 핏빛 빨간색 - 채도가 낮다 등)

할머니, 할아버지 댁 가는 길

무엇을 배울까요?

① 명절의 뜻을 이해합니다.

② 인체 비례와 동세를 배워 봅니다.

③ 명절에 있었던 다양한 경험을 함께 공유해 봅니다.

준비해 보아요

도화지 2장, 채색 도구, 실, 빨대, 가위, 스카치테이프

생각상자를 열어 보아요

1. 도입

① 오늘은 명절에 대해 배워 보고 명절에 있었던 다양한 경험에 대해 함께 이야기를 나눌 거예요.

② 명절이란 무엇일까요?

③ 우리나라에서 가장 큰 명절은 무엇일까요?

2. 전개

① 명절에는 주로 어떤 음식을 먹을까요?

② 명절에는 어떤 전통 놀이를 할까요?

③ 지난 명절에는 어디에서 무엇을 했나요? 기분이 어땠나요?

④ 지난 명절에는 누구를 만났나요?

⑤ 무엇을 타고 이동했나요?

⑥ 돌아오는 명절에 가장 만나고 싶은 사람은 누구인가요?

3. 마무리

할머니, 할아버지를 만나러 가기 위해 빠른 속도로 씽씽 달리는 자동차를 만들어 봅니다.

자, 시작해 볼까요?

1. 밑그림 스케치하기

• 첫 번째 도화지에 할아버지, 할머니와 배경을 그립니다.

활용 Tip

• 인체 비례에 유의하여 그려 줍니다.
• 첫 번째 도화지에 그림을 그릴 때 자동차가 들어갈 수 있는 공간을 남겨 놓고 그려 줍니다.

활용 Tip

• 자녀들을 오랜만에 만나 반가워하는 감정이 잘 전달될 수 있도록 표정에 유의하여 그려 줍니다.
• 계절에 맞는 복장과 배경으로 그릴 수 있도록 지도하세요.
(설날은 추운 겨울이라서 할머니, 할아버지가 두꺼운 겨울옷을 입고 계시고, 장독대 위에도 흰 눈이 소복하게 쌓여 있어요 등)

2. 자동차 스케치하기

• 두 번째 도화지에 자동차와 자동차에 타고 있는 우리 가족을 그립니다.

3. 색칠하기

• 알록달록한 색으로 예쁘게 색칠합니다.

활용 Tip

• 배경을 색칠할 때 큰 덩어리에서 작은 덩어리 순으로 색칠합니다.
• 빛을 가장 많이 받는 부분은 밝은색으로, 가장 적게 받는 부분은 어두운색으로 색칠합니다. 빛을 가장 많이 받는 부분에서 적게 받는 부분으로 이동할수록 색이 점차 어두워지는 그라데이션 효과를 줄 수 있도록 지도하세요.
• 뒤로 날리는 머리카락과 옷 등을 통해 달리는 자동차에 타고 있다는 것을 알 수 있도록 그려 줍니다.

4. 움직이는 자동차 만들기

• 자동차를 가위로 오립니다.
• 빨대에 실을 끼운 후 자동차의 뒷면에 빨대 부분을 고정합니다.

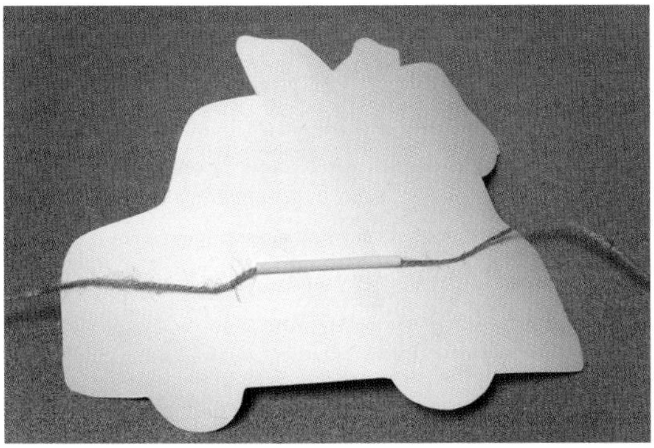

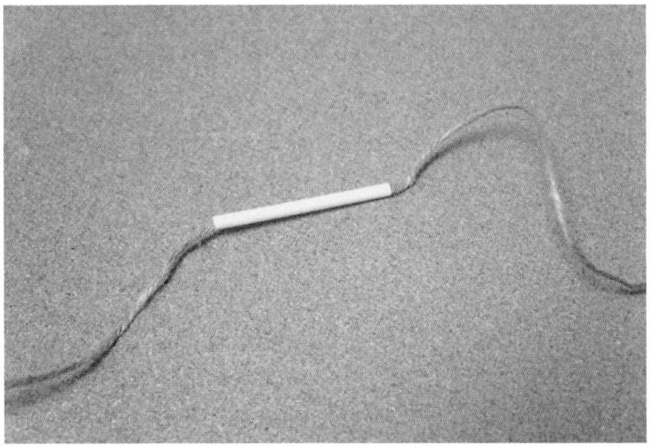

활용 Tip

• 빨대가 아니라 실을 고정할 경우 자동차가 자유자재로 움직이지 않으니 이 점에 유의하세요.

5. 작품 완성하기

- 실의 양쪽을 첫 번째 도화지의 뒷면에 붙입니다.
- 자동차를 앞뒤로 움직여 봅니다.

새롭게 알게 됐어요

■ 기저선

하늘과 땅을 구분하는 데 기준이 되는 선을 말합니다. 원하는 곳에 가로로 선을 그어서 위쪽을 하늘로, 아래쪽을 땅으로 구분하는 것이 일반적입니다.

■ 인체화의 3요소

❶ 동세 : 표현 대상의 움직임을 느낄 수 있도록 표현하는 것을 의미합니다. 주로 움직임이 많은 표현 대상을 표현할 때 나타납니다.

❷ 비례 : 전체와 부분, 어느 한 부분과 부분 사이의 수량적인 비율을 의미합니다.

❸ 균형 : 어느 한쪽으로 기울어지거나 치우치지 않은 평평한 상태를 의미합니다. 미술에서의 균형은 작품의 질서와 통일감을 이루는 핵심 요소라고 할 수 있습니다.

■ 명암

빛의 방향과 거리에 따라 나타나는 사물의 밝고 어두움을 나타내는 말입니다.

■ 중첩

두 개 이상의 표현 대상이 겹쳐지거나 포개어지는 것을 의미합니다.

PART 02

CHAPTER 01

기본기를 탄탄히! – 기초 드로잉

꼬끼오 꼬꼬댁

무엇을 배울까요?

① 닭의 생김새와 특징을 알아봅니다.

② 주변에서 흔하게 볼 수 있는 동물, 식물, 사물을 관찰하는 과정을 통해 관찰력을 길러 봅니다.

③ 질감과 양감 표현법을 배워 봅니다.

준비해 보아요

검은색 머메이드지, 흰색 펜, 채색 도구, 시청각 자료(닭이 움직이는 동영상, 닭 사진 등)

생각상자를 열어 보아요

1. 도입

오늘은 주변에서 흔히 볼 수 있는 동물인 닭에 대해 이야기 나눌 거예요.

2. 전개

① 닭을 실제로 본 적 있나요?

② 닭은 어떻게 생겼나요?

③ 수탉과 암탉의 차이점은 무엇일까요?

④ 닭은 우리 삶에 어떤 이로움을 줄까요?

⑤ 닭은 새끼를 낳을까요, 알을 낳을까요?

⑥ 닭의 새끼를 뭐라고 부를까요?

⑦ 닭은 날 수 있을까요?

⑧ 닭이 날지 못하는 이유는 무엇인가요?

⑨ 닭은 어떤 소리를 내면서 울까요? 닭 울음소리를 흉내내 보세요.

3. 마무리

사진과 영상을 통해 닭의 생김새와 특징을 관찰해 보고 머메이드지에 닭을 그려 봅니다.

자, 시작해 볼까요?

1. 스케치하기

• 검은색 머메이드지 위에 흰색 펜으로 닭을 스케치합니다.

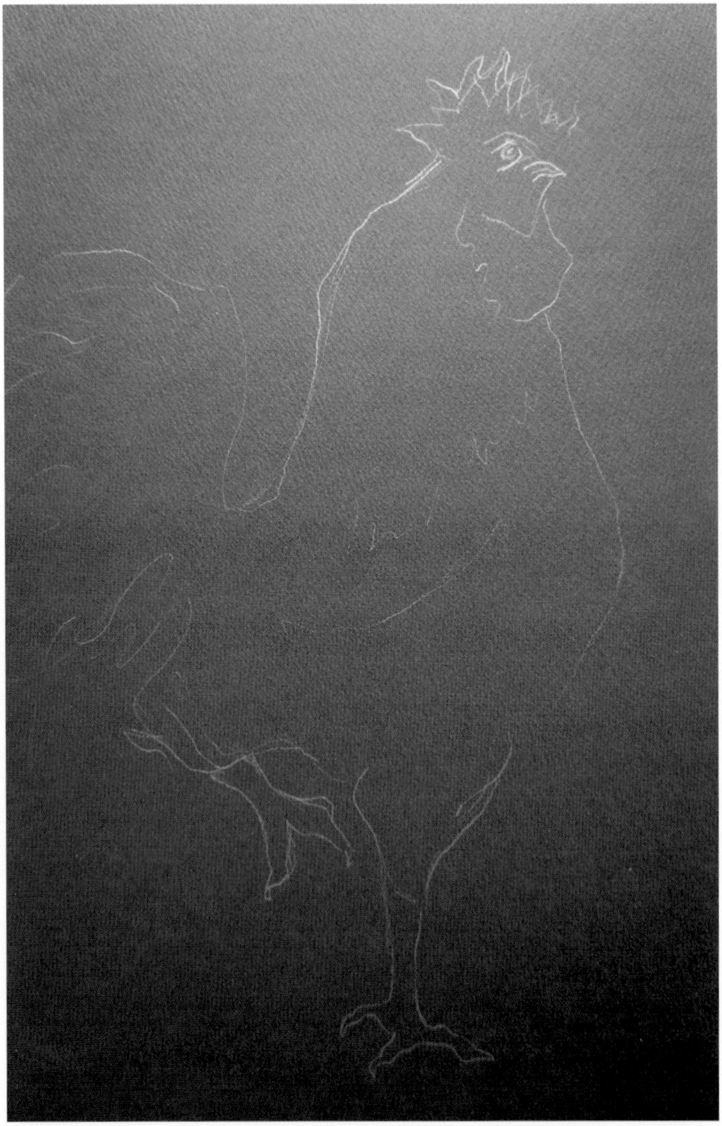

활용 Tip

• 실제 모습과 최대한 유사하게 그릴 수 있도록 합니다.
• 4인 1조, 2인 1조로 닭 사진을 제공해 주세요.

2. 몸통 채색하기

• 닭의 몸통을 먼저 색칠합니다.

활용 Tip

• 물기가 거의 없는 붓을 이용하여 색칠합니다.
• 가장 많은 면적을 차지하고 있는 닭의 몸통부터 색칠합니다.
• 종이의 결과 닭털의 느낌을 최대한 살려서 질감과 양감을 표현할 있도록 지도하세요.
• 명암을 섬세하게 표현할수록 양감과 질감이 더욱 살아납니다.

3. 나머지 색칠하기

• 몸통 외 나머지 부분을 색칠합니다.

활용 Tip

• 다양한 색으로 닭의 꼬리를 표현해 줍니다.
• 작은 붓으로 닭의 털을 섬세하게 표현해 줍니다.
• 닭의 다리, 벼슬, 꼬리 등 세세한 부분도 꼼꼼히 색칠하여 명암을 표현해 줍니다.

4. 마무리하기

• 배경을 색칠하여 마무리합니다.

활용 Tip

• **친구의 작품과 내 작품을 비교해 보고 공통점**(생김새), **차이점**(생김새와 자세 등)**을 찾아봅니다.**

• **닭의 생리와 습성에 대해 이야기를 나눠 봅니다.**

새롭게 알게 됐어요

■ 관찰화

우리 주변의 동물, 식물, 사물을 관찰한 후 있는 그대로의 모습으로 표현하는 회화를 말합니다.

■ 질감

눈이나 손을 이용하여 느낄 수 있는 물체 표면의 성질을 말합니다.

■ 양감

표현 대상의 부피감, 무게감, 덩어리감을 말합니다.

멸종 위기 동물을 구하라

무엇을 배울까요?

① 멸종 위기에 처한 동물들에 대해 알아봅니다.

② 동물들의 멸종이 우리의 삶과 환경에 어떤 영향을 미치는지 알아보고 경각심을 가져 봅니다.

③ 환경 보호의 중요성을 깨닫고 일상 속에서 실천 방안을 찾아봅니다.

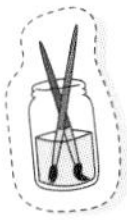

준비해 보아요

도화지, 사인펜, 채색 도구, 시청각 자료(멸종 위기에 처한 동물 영상, 관련 다큐멘터리 영상, 사진 등)

생각상자를 열어 보아요

1. 도입

오늘은 멸종 위기에 처한 동물에는 어떤 것들이 있는지, 왜 동물들이 점차 사라져 가는지 알아볼 거예요.

2. 전개

① 멸종이란 무엇일까요?

② 멸종 위기에 처한 동물에는 어떤 것들이 있을까요?

② 동물들이 멸종 위기에 처한 이유는 무엇일까요?

③ 동물들의 멸종이 우리에게 영향을 미친다고 생각하나요? 아니면 아무런 영향도 미치지 않는다고 생각하나요?

④ 동물들의 멸종은 우리에게 어떤 영향을 미칠까요?

⑤ 만약 지구상의 동물들이 모두 멸종된다면 어떤 일이 벌어질까요? 상상하여 이야기해 보아요.

3. 마무리

멸종 위기에 처한 동물 중 하나를 고른 후 그림으로 표현해 보고 친구들과 함께 내가 그린 동물 친구를 구하기 위한 방법을 강구해 봅니다.

자, 시작해 볼까요?

1. 스케치하기

• 멸종 위기에 처한 동물 중 하나를 고른 후 스케치합니다.

2. 바탕 색칠하기

• 밝은 회색으로 그림과 같이 전체를 색칠하여 바탕면의 기복을 다집니다.

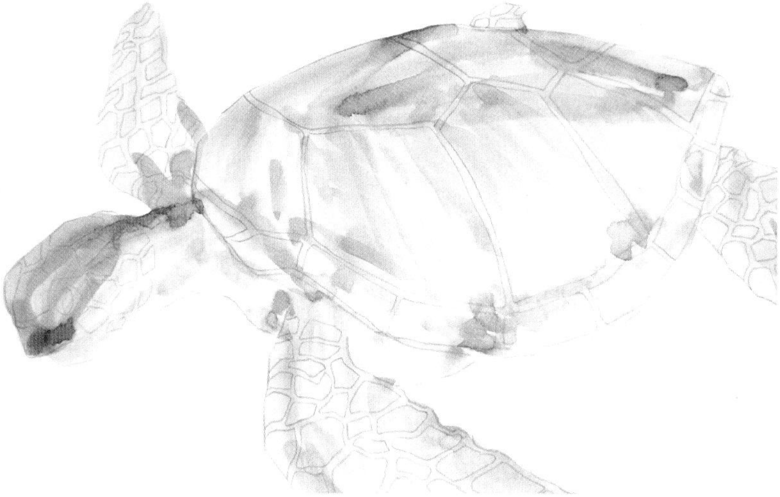

3. 테두리 색칠하기

• 그림과 같이 테두리 부분을 진하게 채색합니다.

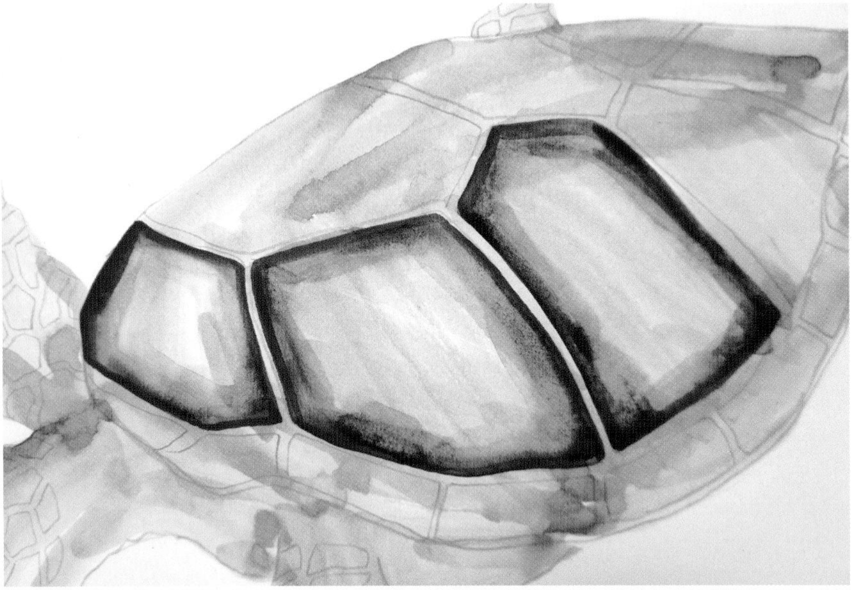

활용 Tip

• 테두리 부분은 진하게, 안쪽으로 갈수록 연하게 색칠하여 명암을 표현해 줍니다.

4. 묘사하기

• 매직과 네임펜 등을 사용하여 그림과 같이 묘사합니다.

활용 Tip

• 전체에서 부분 순으로 묘사할 수 있도록 지도하세요.

5. 배경 색칠하기

• 사인펜으로 그림과 같이 배경을 색칠합니다.

활용 Tip

• 표현 대상의 색상이 단조롭기 때문에 여러 가지 색상의 사인펜을 사용하여 채색하면 표현 대상이 더욱 부각됩니다.
• 바닷속 풍경을 상상해 보고 다양한 색채로 멋지게 꾸며 봅니다.

6. 마무리하기

• 붓에 물을 묻인 후 사인펜으로 색칠한 위에 덧칠하여 번지는 효과를 내 줍니다.

활용 Tip

- **친구들이 그린 동물은 1급과 2급 중 어디에 분류되는지 알아봅니다.**
- **멸종 위기에 처한 동물들을 구하기 위해 우리가 일상생활에서 실천할 수 있는 환경 보호 방법에는 어떤 것들이 있는지 이야기를 나눠 봅니다.**
  (분리 수거를 잘해요, 산이나 강가에 쓰레기를 함부로 버리지 말아요, 음식을 남기지 말아요 등)
- **만약 지구상에서 동물이 사라진다면 어떤 일이 벌어질지 상상하여 이야기해 봅니다.**
  (사람들이 영양 실조에 걸려요, 반려 동물과 함께 살 수 없는 사람들이 외로움에 시달려요, 꽃들이 수분을 섭취할 수 없어서 식물들도 하나둘씩 사라져요 등)

새롭게 알게 됐어요

■ 멸종

생물의 한 종류가 없어지거나 의도적으로 생물의 한 종류를 없애버리는 것을 말합니다.

■ 멸종 위기

생물의 한 종류가 아주 없어질 위험한 고비나 시기를 말합니다. 기후 변화, 개체수 자연 감소, 생태계 파괴 등 다양한 이유가 원인이 되어 발생합니다.

■ 멸종 위기 동물

한 종류가 없어질 위기에 처한 동물을 뜻하는 말로 나라별로 등급이 다릅니다. 우리나라에서는 환경부와 해양수산부가 이를 주관하며 멸종 위기의 야생생물을 1급과 2급으로 분류하고 있습니다.

❶ 1급 : 개체수가 현저히 감소하여 멸종 위기에 처한 종입니다. 1급에 속한 동물에는 늑대, 반달가슴곰, 산양 등이 있습니다.

❷ 2급 : 자연적 또는 인위적 위험 요인으로 인해 개체수가 크게 줄어들고 있어 위험 요인이 제거되거나 완화되지 않는 이상 가까운 장래에 멸종 위기에 처할 우려가 있는 종입니다. 2급에 속한 동물에는 담비, 물개, 삵, 남생이(거북이과) 등이 있습니다.

■ 명암

밝음과 어두움을 통틀어 이르는 말입니다.

■ 묘사

어떤 대상, 사물, 현상 따위를 언어나 그림을 이용하여 생생하게 표현하는 것을 말합니다.

동물의 모성애

무엇을 배울까요?

① 모성애에 대해 배워 봅니다.

② 동물도 인간처럼 감정을 느낄 수 있다는 것을 배워 보고 동물의 감정에 공감해 봅니다.

③ 물감 밀기 기법을 활용하여 작품을 만들어 봅니다.

④ 감정을 색으로 표현하는 법을 배워 봅니다.

⑤ 소묘에 대해 배워 봅니다.

준비해 보아요

도화지 2장, 연필, 지우개, 채색 도구, 우드락 조각, 시청각 자료(동물의 모성애에 대한 영상, 엄마 동물과 아기 동물이 함께 있는 사진 등)

생각상자를 열어 보아요

1. 도입

내가 제일 사랑하는 사람은 누구인가요? 엄마, 아빠가 제일 사랑하는 사람은 누구일까요? 오늘은 내가 제일 사랑하는 사람을 떠올리면서 그림을 그릴 거예요.

2. 전개

① 모성애라는 단어를 들어 본 적 있나요?
② 내가 생각하는 모성애란 무엇인가요?
③ 동물에게도 모성애가 있을까요?
④ 동물에게도 모성애가 있다는 것을 느껴 본 적 있나요?
⑤ 모성애가 강한 동물은 어떤 동물일까요?
⑥ 만약 모성애를 색으로 표현한다면 어떤 색으로 표현하고 싶나요? 그렇게 생각하는 이유는 무엇인가요?
⑦ 사랑을 색으로 표현한다면 어떤 색으로 표현하고 싶나요?
⑧ 미움을 색으로 표현한다면 어떤 색으로 표현하고 싶나요?
⑨ 즐거움을 색으로 표현한다면 어떤 색으로 표현하고 싶나요?

3. 마무리

엄마, 아빠를 사랑하는 마음을 생각하면서 종이 위에 동물의 모성애를 색으로 표현해 봅니다.

자, 시작해 볼까요?

1. 스케치하기

• 종이에 모성애가 강한 동물을 고른 후 첫 번째 도화지에 스케치합니다.

활용 Tip

• **각 동물별로 모성애를 드러내는 행동이 있습니다. 이를 잘 포착하여 그려 주세요.**

(네이버 지식백과 참조 : https://terms.naver.com/entry.nhn?docId=3551019&cid=58598&categoryId=58620)

2. 소묘하기

• 연필을 이용하여 소묘합니다.

활용 Tip

• **빛이 들어오는 방향을 정한 후 빛과 가장 가까운 부분은 밝은색으로, 빛과 가장 먼 부분은 어두운색으로 색칠해 주세요.**

• **선의 강약을 조절하는 요소**(손목과 팔, 필압 등) **를 알려 주세요.**

3. 세부 묘사하기

- 코끼리의 피부 주름을 세부적으로 묘사합니다.

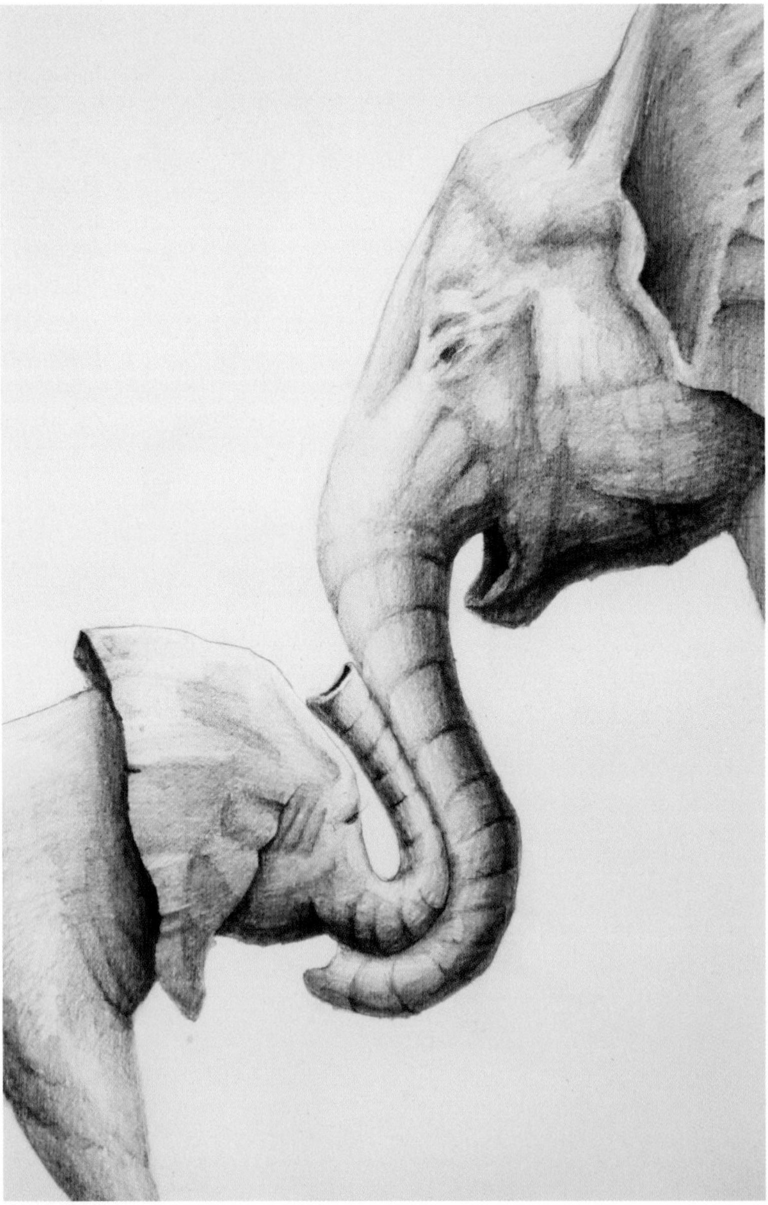

활용 Tip

- 코끼리 피부의 거친 질감을 잘 살릴 수 있도록 명암을 넣어 줍니다.

4. 배경 색칠하기

- 완성된 그림을 자릅니다.
- 색상을 3가지 정도 고릅니다.
- 두 번째 도화지 위에 물감을 뿌린 후 우드락 조각으로 밀어 줍니다.

활용 Tip

- 색상을 고르기 전, '사랑', '모성애'와 어울리는 색이 무엇인지, 두 단어를 보았을 때 어떤 색이 연상되는지 이야기를 나눠 봅니다.
- 물감을 밀 때 길게 밀어 보기도 하고 짧게 밀어 보기도 하고 원을 그리기도 하는 등 다양한 방법으로 밀어서 나의 감정을 자유롭게 표현해 봅니다.

5. 마무리하기

• 그림을 배경 위에 붙입니다.

활용 Tip

• 친구들과 나의 작품을 비교해 보고 친구들은 어떤 색으로 모성애를 표현했는지 살펴봅니다.
• 내가 생각하는 모성애의 색과 친구가 생각하는 모성애의 색이 다른 이유에 대해 이야기를 나눠 봅니다.
• 친구의 작품을 보았을 때 제일 먼저 어떤 인상을 받았는지, 어떤 감정이 느껴지는지 이야기를 나눠 봅니다.
• 미움, 분노, 슬픔, 사랑, 즐거움은 어떤 색일까요? 일상생활에서 느끼는 감정을 색으로 표현해 봅니다.

새롭게 알게 됐어요

■ 모성애

자식에 대한 어머니의 사랑을 말합니다. 유사한 말로 자식에 대한 아버지의 사랑을 뜻하는 부성애가 있습니다.

■ 물감 밀기

물감을 종이 위에 짠 후 우드락이나 하드보드지 같은 딱딱한 도구로 밀어내어 표현하는 기법을 말합니다.

솔방울은 어떻게 생겼을까?

무엇을 배울까요?

① 어떤 물체나 표현 대상을 자세히 관찰하고 직접 그려 보는 과정을 통해 관찰력과 표현력을 기릅니다.

② 솔방울을 정밀 묘사해 봅니다.

③ 돋보기 사용법을 배워 봅니다.

준비해 보아요

볼펜, 네임펜, 매직, 채색 도구, 돋보기, 솔방울(실제 솔방울이 없는 경우 솔방울의 형태가 잘 나와 있는 사진을 프린트하여 준비)

생각상자를 열어 보아요

1. 도입

오늘은 돋보기를 사용하여 솔방울을 관찰해 보고, 육안으로 보는 것과 돋보기를 사용하여 대상을 보는 것이 어떻게 다른지 이야기를 나눌 거예요.

2. 전개

① 솔방울은 무엇의 열매인가요?

② 길을 걷다가 솔방울이 떨어져 있는 것을 본 적 있나요?

③ 솔방울은 어떤 모양인가요?

④ 솔방울을 자세히 관찰하는 방법에는 무엇이 있을까요?

⑤ 책상 위에 놓여 있는 돋보기로 솔방울을 확대하여 관찰해 보아요.

⑥ 실제로 보는 것과 돋보기를 통해 보는 것 중 어떤 방법이 솔방울의 형태를 이해하는 데 용이하다고 생각하나요?

3. 마무리

솔방울의 전체적인 생김새를 관찰한 후 종이에 솔방울을 그려 보고 내가 그린 솔방울과 실제 솔방울이 얼마나 유사한지 비교해 봅니다.

자, 시작해 볼까요?

1. 스케치하기

• 솔방울을 충분히 관찰한 후 스케치합니다.

활용 Tip

• 전체적인 윤곽이나 형태를 먼저 그립니다.

• 전체에서 부분 순으로 스케치할 수 있도록 지도하세요.

2. 라인 그리기

• 그림과 같이 매직을 사용하여 라인을 따라 그립니다.

3. 정밀 묘사하기

• 얇은 볼펜과 네임펜을 사용하여 정밀 묘사합니다.

활용 Tip

• **굵기가 다양한 펜**(연필, 볼펜, 사인펜, 매직)**을 번갈아 가며 사용하면 훨씬 완성도 높은 작품이 됩니다.**

4. 마무리하기

• 물감 번지기 기법을 활용하여 배경을 색칠합니다.

활용 Tip

• 배경은 같은 무채색 계열로 색칠하기보다는 노란색이나 빨간색 등 밝은색으로 색칠하여 무채색과 대비 효과를 줄 수 있도록 합니다.
• 다양한 색을 사용하여 배경을 색칠합니다.
• 실제 솔방울과 내가 그린 솔방울이 얼마나 유사한지 비교해 봅니다.

새롭게 알게 됐어요

■ 솔방울

소나무 열매의 송이를 말합니다. 공처럼 둥그스름한 모양이며 여러 개의 잔비늘 같은 조각이 겹겹이 달려 있고 그 사이에 씨가 들어 있습니다.

■ 돋보기

빛을 한 곳으로 모아 작은 것을 크게 보이도록 만들어 주는 볼록 렌즈를 말합니다.

■ 관찰

사물이나 현상을 주의 깊게 살펴보는 것을 말합니다.

■ 정밀 묘사

정교하고 치밀하게 그리는 것을 말합니다.

명도 단계를 배워 보아요 1

무엇을 배울까요?

① 명도의 개념과 명도 표현을 배워 봅니다.

② 명도를 통해 표현할 수 있는 것들에 대해 알아봅니다.

③ 4B 연필을 이용하여 명도 단계를 표현해 봅니다.

준비해 보아요

도화지, 연필, 지우개, 붓, 검은색 물감

생각상자를 열어 보아요

1. 도입

오늘은 검은색 물감과 연필만 이용해서 그림을 그릴 거예요. 한 가지 색으로 얼마나 다양한 색을 표현할 수 있을까요?

2. 전개

① 명도라는 단어를 들어 본 적 있나요?

② 명도란 무엇일까요?

③ 명도 단계란 무엇일까요?

④ 명도 단계를 이용하여 그림을 그려 본 적 있나요?

⑤ 일상생활 속에서 볼 수 있는 것 중 명도 단계로 표현하기 좋은 것들은 무엇이 있을까요?
(계단, 층이 겹겹이 쌓여 있는 크레페 케이크, 층층이 쌓여 있는 아이스크림, 깜깜해지기 직전의 저녁 하늘 등)

3. 마무리

일상생활에서 흔히 볼 수 있는 것들을 종이 위에 그려 보면서 명도 단계를 표현해 보고, 연필 한 자루만 가지고 얼마나 다양한 효과를 낼 수 있는지 알아봅니다.

자, 시작해 볼까요?

1. 스케치하기

• 표현 대상을 선정한 후 도화지에 스케치합니다.

활용 Tip

• 명도 단계를 표현할 수 있도록 표현 대상의 일부분을 그림과 같이 8~10단계로 구획합니다.

2. 명도 단계 표현하기

• 4B 연필로 명도 단계를 표현합니다.

활용 Tip

• 선의 강약과 필압을 조절하여 명도 단계를 표현합니다.

3. 라인 그리기

• 검은색 물감으로 라인을 따라 그립니다.

4. 꾸미기

• 다양한 무늬와 꽃을 그려 넣어 화면을 구성합니다.

5. 마무리하기

- 배경을 색칠하여 작품을 완성합니다.

활용 Tip

- 친구들은 어떤 대상을 통해 명도 단계를 표현했는지 살펴봅니다.

새롭게 알게 됐어요

■ 명도

색의 3요소 중 하나로 색의 밝고 어두운 정도를 말합니다.

■ 명도 단계

색의 밝기 정도를 나타내는 등급을 말합니다. 가장 어두운 검은색을 0으로, 가장 밝은 흰색을 10으로 설정하여 그 사이에 위치한 색을 정도에 따라 10단계로 나눈 것을 말합니다.

■ 강약

강하고 약한 정도를 말합니다.

■ 필압

펜을 누르는 압력을 말합니다. 펜에 힘을 세게 주면 굵게, 약하게 주면 가늘게 그려집니다.

명도 단계를 배워 보아요 2

무엇을 배울까요?

① 명도의 개념과 명도 표현을 배워 봅니다.

② 명도를 통해 표현할 수 있는 것들에 대해 알아봅니다.

③ 연필 외 다양한 채색 도구를 사용하여 명도 단계를 표현해 봅니다.

④ 정물화 그리기를 통해 정물화의 특징을 알아봅니다.

⑤ 연필로 명도 단계를 표현하는 법과 물감으로 명도 단계를 표현하는 법의 차이를 알아봅니다.

준비해 보아요

도화지, 연필, 붓, 채색 도구

생각상자를 열어 보아요

1. 도입

오늘은 우리 주변에 무엇이 있는지 살펴볼 거예요. 굉장히 많은 정물들이 놓여 있지요? 오늘은 그중 하나를 선택하여 정물화를 그릴 거예요.

2. 전개

① 정물은 무엇일까요?

② 정물화는 무엇일까요?

③ 정물화를 그려 본 적 있나요? 무엇을 그려 봤나요?

④ 주변에 있는 여러 가지 정물 중 명도 단계를 잘 표현할 수 있는 정물에는 어떤 것이 있을까요?

⑤ 연필로 명도 단계를 표현하는 법과 물감으로 명도 단계를 표현하는 법의 차이는 무엇일까요?

⑥ 어떤 것이 더 쉬울 것 같나요? 그 이유는 무엇인가요?

3. 마무리

주변의 정물 중 한 가지를 고른 후 정물화를 그려 보고 다양한 채색 도구를 이용하여 명도 단계를 표현해 봅니다.

자, 시작해 볼까요?

1. 스케치하기

• 주위에 보이는 정물 중 하나를 선택하여 스케치합니다.

활용 Tip

• 그림과 같이 배경을 열 혹은 행으로 나눕니다.
• 정물의 일부도 그림과 같이 구분하여 명도 단계를 연습할 수 있도록 지도하세요.

2. 정물 색칠하기

• 연필을 사용하여 정물을 색칠합니다.
• 정물의 형태를 참고하여 명도 단계를 표현합니다.

3. 배경 색칠하기

- 한 가지 색상을 선택합니다.
- 물감을 사용하여 명도 단계를 표현합니다.

활용 Tip

- **4B 연필을 사용하여 명도 단계를 표현하는 것과 물감을 사용하여 명도 단계를 표현하는 것의 차이점을 설명해 주세요.**
  (4B 연필은 강약과 필압, 물감은 농도에 따라 명도를 표현)
- **명도 단계는 일반적으로 0에서 10단계로 구분하지만 한 단계에서 다음 단계 사이에는 무수히 많은 색이 있다는 것을 알려 주세요.**

새롭게 알게 됐어요

■ 정물

정지하여 움직이지 않는 무생물을 말합니다.

■ 정물화

과일, 화병, 꽃처럼 스스로 움직이지 못하는 물체들을 놓고 그린 그림을 말합니다.

돋보기로 들여다보면 어떤 모습일까?

무엇을 배울까요?

① 부분과 전체의 관계에 대해 배워 봅니다.

② 부분을 보고 전체를 유추해 봅니다.

③ 표현 대상의 부분을 확대하여 그려 봅니다.

④ 한색과 난색의 차이점에 대해 배워 봅니다.

준비해 보아요

도화지, 연필, 채색 도구, 사진(자전거, 오토바이, 자동차, 선풍기 등)

생각상자를 열어 보아요

1. 도입

오늘은 전체와 부분의 상관관계에 대해 알아보고, 한색과 난색의 차이점에 대해 배울 거예요.

2. 전개

① 부분이란 무엇을 의미할까요?

② 부분이 모이면 무엇이 될까요?

③ 우리의 몸도 부분과 전체로 나눌 수 있습니다. 우리의 몸을 전체라고 할 때 어떤 것들을 부분이라고 부를 수 있을까요?

④ 우리의 팔을 전체라고 했을 때 어떤 것들을 부분이라고 부를 수 있을까요?

⑤ 한색은 무엇일까요?

⑥ 한색은 어떤 느낌을 주나요?

⑦ 난색은 무엇일까요?

⑧ 난색은 어떤 느낌을 주나요?

3. 마무리

표현 대상을 선택한 후 부분을 확대하여 그림으로 그려 보고, 한색과 난색으로 채색하여 그 차이를 알아봅니다.

자, 시작해 볼까요?

1. 공간 분할하기

• 그림과 같이 공간을 분할합니다.

활용 Tip

• 가로로 분할해도 무관합니다. 다만, 한 면의 면적이 지나치게 좁을 경우 표현할 수 있는 공간이 충분치 않으니 적절한 비율로 분할할 수 있도록 지도하세요.

2. 스케치하기

• 표현 대상을 관찰한 후 부분을 확대하여 스케치합니다.

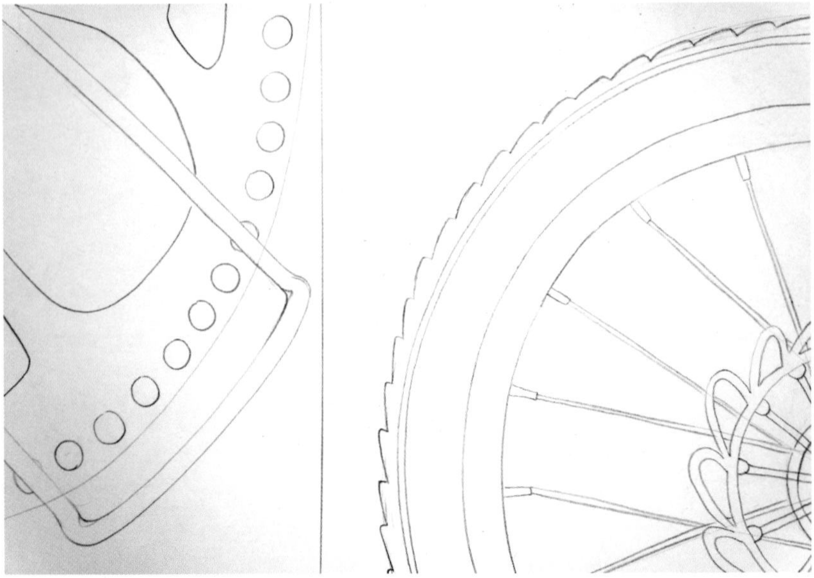

활용 Tip

• 부분을 전체에서 분리하여 그리기보다는 부분의 일부를 생략하여 그려 줌으로써 부분이 전체에 속해 있다는 느낌을 주도록 합니다.

3. 배경 색칠하기

• 한색과 난색으로 배경을 색칠합니다.

활용 Tip

• 한 면은 한색으로, 한 면은 난색으로 색칠합니다.
• 한 면에 한색과 난색을 함께 사용하지 않도록 채색 전 색을 한색과 난색으로 정확히 분리합니다.

4. 표현 대상 색칠하기

• 무채색으로 표현 대상을 색칠합니다.

활용 Tip

• 한색과 난색으로 표현 대상을 채색할 경우 작품의 주제와 색의 대비 효과가 두드러지지 않으니 반드시 무채색(검정색, 회색 등)을 사용하여 채색합니다.

5. 마무리하기

• 물감이나 사인펜 등을 사용하여 부분을 좀 더 자세히 묘사합니다.

• 흰색 물감으로 기계의 광택을 표현합니다.

활용 Tip

• 가로로 분할해도 무관합니다. 다만 한 면의 면적이 지나치게 좁을 경우 표현할 수 있는 공간이 충분치 않으니 적절한 비율로 분할할 수 있도록 지도하세요.

새롭게 알게 됐어요

■ 부분

전체를 이루는 작은 범위 혹은 전체를 나눈 것 중 하나를 말합니다.

■ 전체

부분의 합을 일컫는 말로 개별 또는 부분에 대치되어 사용하는 개념을 뜻합니다.

■ 확대

어떠한 이미지나 물체를 실제보다 크게 보이도록 만드는 것입니다.

■ 유추

같은 종류의 것 또는 유사한 점을 바탕으로 다른 사물을 미루어 추측하는 것을 말합니다.

■ 한색

차가운 느낌이 드는 색으로 일반적으로 파랑, 초록, 보라 등이 이에 해당됩니다.

■ 난색

따뜻한 느낌이 드는 색으로 일반적으로 빨강, 주황, 주홍 등이 이에 해당됩니다.

■ 분할

나누거나 쪼개는 것을 의미합니다.

여행을 떠나요!

무엇을 배울까요?

① 번지기 기법을 활용하여 작품을 완성해 봅니다.

② 가족들과 함께 여행 갔던 경험을 떠올려 보고 경험화를 그려 봅니다.

③ 풍경화 그리기를 통해 소실점과 원근을 배워 봅니다.

④ 구도에 대해 배워 봅니다.

준비해 보아요

도화지, 연필, 지우개, 채색 도구, 시청각 자료(대표 여행 장소에 관한 영상 및 사진)

생각상자를 열어 보아요

1. 도입

오늘은 가족과 함께 혹은 친구들과 함께 여행 갔던 기억을 떠올려 보고 여행에 대한 이야기를 나눌 거예요.

2. 전개

① 여행을 좋아하나요? 아니면 싫어하나요? 그 이유는 무엇인가요?

② 여행을 가 본 적 있나요?

③ 누구와 함께 갔나요?

④ 가장 최근에 간 여행지는 어디였나요?

⑤ 그 여행에 대한 나의 인상은 어떤가요? 즐거운가요? 아니면 힘들었나요?

⑥ 가장 인상 깊었던 여행지는 어디인가요? 이유는 무엇인가요?

⑦ 만약 공간이동을 할 수 있는 능력이 생긴다면 지금 당장 가고 싶은 여행지는 어디인가요?

⑧ 누구와 함께 가고 싶나요?

3. 마무리

여행지에서의 즐거웠던 경험 혹은 힘들었던 경험을 떠올려 보고 경험화를 그려 봅니다.

자, 시작해 볼까요?

1. 구도 잡기

• 내가 그리고 싶은 풍경과 어울리는 구도를 잡습니다.

활용 Tip

• 각 구도의 특징에 대하여 알려 줍니다. 대각선 구도는 원근을 표현하기 용이하고, 삼각 구도는 안정감을 주며, 수평 구도는 편안하고 조용한 느낌을 줍니다.
• 전체적인 구도는 선생님이 잡아 주고 세부적인 표현은 아이들이 직접 할 수 있도록 지도하세요.
• 소실점을 중심으로 건물을 그려 주면 더욱 쉽게 그릴 수 있습니다.

2. 스케치하기

• 원근을 살려서 스케치합니다.

활용 Tip

• 소실점을 기준으로 멀리 있는 것에서 가까이 있는 것 순으로 스케치합니다.
• 원근감을 살려서 가까이 있는 것은 크게, 멀리 있는 것은 작게 그려줍니다.
• 소실점에 가까워질수록 점점 작아진다는 것을 설명해 주세요.

3. 스케치 완성하기

• 세부적인 내용을 그립니다.

4. 라인 그리기

• 여러 가지 사인펜을 이용하여 라인을 그립니다.

5. 명암 표현하기

• 사인펜, 물감, 색연필 등 여러 가지 채색 도구를 사용하여 색칠합니다.

활용 Tip

• 가까이 있는 것은 선명하게, 멀리 있는 것은 흐릿하게 색칠하여 명암을 표현합니다.
• 건물을 먼저 채색합니다.

6. 마무리하기

• 나머지 부분을 채색하여 그림을 완성합니다.

활용 Tip

• 사인펜으로 색칠한 부분은 물을 묻힌 붓으로 덧칠해 줍니다.
• 번지기 기법을 통해 작품을 더욱 풍성해 보이도록 할 수 있습니다.

새롭게 알게 됐어요

■ 번지기 기법

채색 도구를 물에 의해 번지게 하여 표현하는 기법으로 수채화에서 주로 쓰입니다.

■ 원근

멀고 가까움을 뜻합니다.

■ 원근감

거리에 따라 달라 보이는 것, 즉 먼 곳에 있는 것은 작게 가까운 곳에 있는 것은 크게 보이는 느낌을 말합니다.

■ 소실점

눈으로 보았을 때 평행한 두 선이 멀리 떨어진 한 곳에서 만나는 점을 말합니다.

■ 경험화

실제로 경험했던 것을 그린 그림을 말합니다.

■ 풍경화

풍경을 주제로 그린 그림을 말합니다.

■ 구도

모양, 색깔, 위치 따위의 짜임새를 말합니다. 대각선 구도, 삼각 구도, 수평 구도, 원 구도, 사선 구도 등 다양한 구도가 있습니다. 풍경화에서는 대각선 구도가 가장 많이 사용됩니다.

창문 밖엔 무엇이 있을까?

무엇을 배울까요?

① 창문 밖으로 보이는 풍경을 그려 봅니다.

② 시점에 대해 이해합니다.

③ 눈높이에 대해 이해합니다.

④ 평면 속에서 표현 대상과 관찰자 사이의 물리적 거리를 표현하는 법을 배워 봅니다.

⑤ 원근에 대해 이해합니다.

준비해 보아요

도화지, A4 용지, 연필, 지우개, OHP 필름, 채색 도구, 자, 칼, 가위, 글루건, 풀, 테이프, 시청각 자료(창문 밖으로 내려다 본 바깥 풍경 사진, 다양한 종류의 창문 사진 등)

생각상자를 열어 보아요

1. 도입

오늘은 마음속으로 커다란 창문 하나를 그려 보고 그 창문을 활짝 열었을 때 창문 밖으로 펼쳐진 풍경을 상상할 거예요.

2. 전개

① 집 안에서 혹은 건물 안에서 창문 밖을 내다본 적 있나요?

② 집 혹은 건물의 높이는 어느 정도였나요?

③ 고층 건물에서 창문 밖을 내다보면 거리는 실제보다 커 보일까요, 작아 보일까요?

④ 건물의 높이가 높아질수록 창문 밖으로 보이는 거리는 어떻게 변할까요?

⑤ 다 함께 창문 쪽으로 모여서 창문 밖을 내다보아요. 무엇이 보이나요?

⑥ 지나가는 사람들, 자동차, 건물이 실제보다 작아 보이나요, 커 보이나요?

⑦ 반대로 아래에서 위를 올려다보면 건물은 실제보다 작아 보일까요, 커 보일까요?

3. 마무리

우리 마음속에 나 있는 창문을 열어 보고, 그 창문 밖으로 보이는 거리의 풍경을 생생하게 그려 봅니다.

자, 시작해 볼까요?

1. 스케치하기

- 자를 대고 그림과 같이 창문틀을 그립니다.
- 창 밖으로 보이는 풍경을 스케치합니다.
- 방 안의 풍경을 스케치합니다.

활용 Tip

- 창문 밖의 풍경을 그릴 때 시점과 원근에 유념하여 스케치할 수 있도록 지도하세요.
- 건물의 높이를 먼저 설정한 후 눈높이에 따른 대상의 크기와 모습을 가늠하여 그릴 수 있도록 지도하세요.
- 액자의 프레임처럼 창문틀만 그리도록 합니다.
- 바깥 풍경 그리기를 어려워하는 아이들은 교실에 난 창문으로 보이는 실제 바깥 풍경을 그리도록 합니다.

2. 창문 만들기

- 그림과 같이 창문을 만듭니다.
- 창문의 세로선에 칼선을 낸 후 창문을 끼웁니다.
- 그림의 뒷면에 창문을 붙여서 빠지지 않도록 고정합니다.

활용 Tip

- 창문은 창문틀과 맞물리는 크기여야 합니다. 창문틀 가장 안쪽의 라인을 기준으로 길이를 측정한 후 만들어 주세요.
- 창문을 작품에 끼울 수 있도록 창문과 창문틀이 만나는 변에 2cm 정도의 여백을 남깁니다.
- 창문이 열릴 수 있도록 한 변만 고정하세요.

3. 색칠하기

• 다양한 채색 도구를 이용하여 색칠합니다.

활용 Tip

• 가까이 있는 것일수록 진하게, 멀리 있는 것일수록 연하게 색칠하여 원근감을 표현해 줍니다.

4. 마무리하기

• 창문을 꾸며서 마무리합니다.

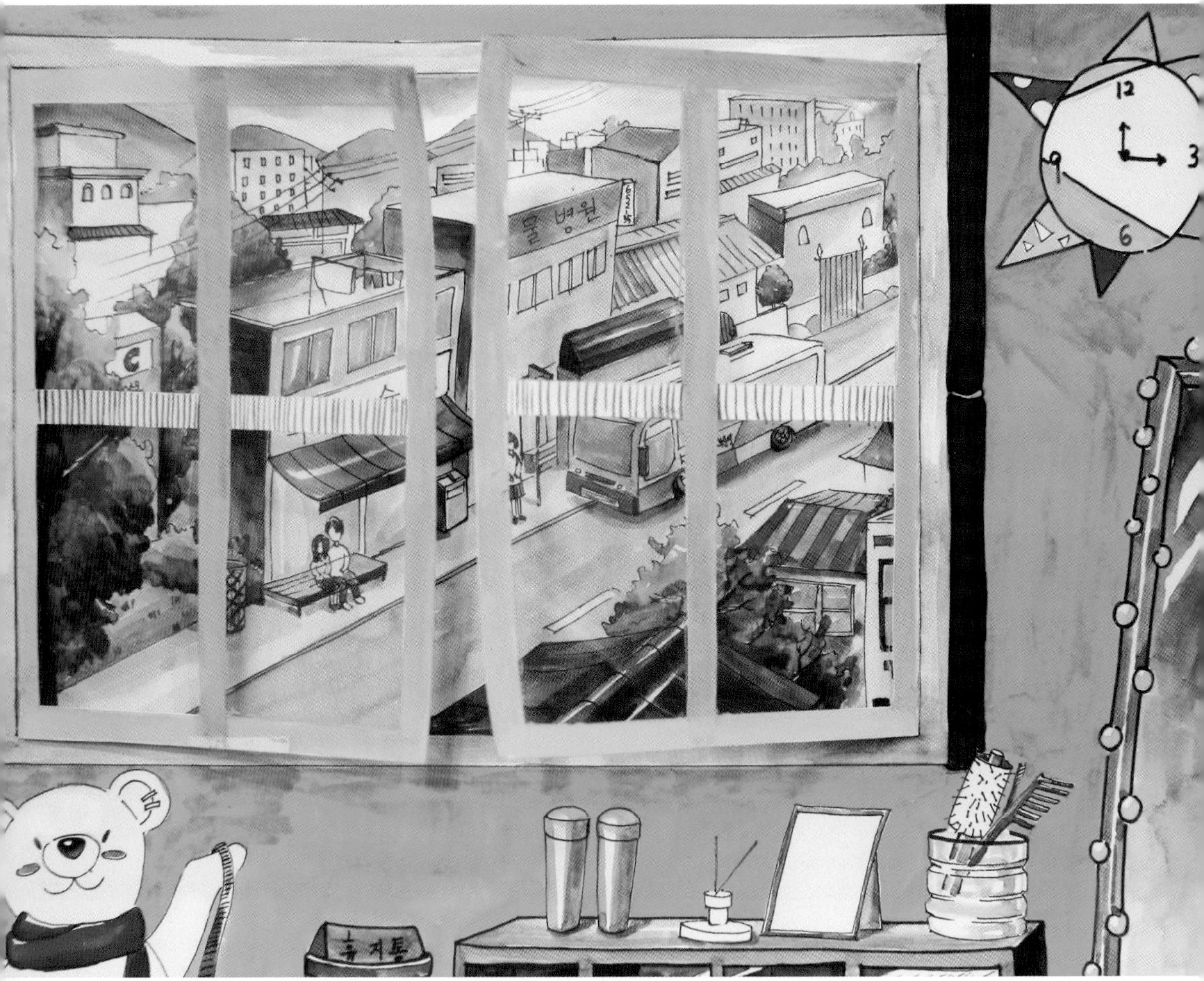

활용 Tip

• 친구와 나의 작품을 비교해 보고, 창문 밖 풍경과 관찰자와의 거리를 가늠해 본 후 친구는 몇 층에서 바라본 풍경을 그렸는지 유추해 봅니다.
• 창문틀 뒷면에 OHP 필름이나 셀로판테이프를 붙여서 더욱 멋진 창문을 만들어 봅니다.

새롭게 알게 됐어요

■ 시점

어떤 대상을 볼 때 시력의 중심이 가 닿는 점을 말합니다.

■ 눈높이

무언가를 관측할 때 수평으로부터 관측하는 사람의 눈까지의 높이를 말합니다. 눈높이가 '낮다', 눈높이가 '높다'고 표현합니다.

CHAPTER 02

옛날 옛적에는 무엇을 그렸을까? - 민화와 초충도

그림으로 만든 도자기

무엇을 배울까요?

① 민화의 특징과 종류에 대해 배워 봅니다.

② 도자기의 형태와 특징에 대해 배워 봅니다.

③ 아교 사용법을 알아봅니다.

④ 먹의 농담 조절에 대해 배워 봅니다.

준비해 보아요

한지, 연필, 지우개, 다양한 크기의 붓(백붓 등), 먹물, 일회용 접시, 액자 받침대, 아교, 드라이기, 가위, 시청각 자료(다양한 민화 사진과 도자기 사진 등)

생각상자를 열어 보아요

1. 도입

오늘은 우리 민족이 즐겨 그렸던 회화의 한 종류인 민화에 대해 배울 거예요.

2. 전개

① 민화라는 말을 들어 본 적 있나요?

② 민화는 무엇일까요?

③ 어떤 사람들이 민화를 그렸을까요?

④ 사람들은 어떤 주제로 민화를 그렸을까요?

⑤ 우리나라 도자기는 어떤 생김새를 지녔나요?

⑥ 도자기의 쓰임은 무엇일까요?

⑦ 오늘날 도자기는 어디에 주로 쓰일까요?

3. 마무리

조선시대로 되돌아간 기분으로 도자기 위에 민화를 그려 보고, 협탁이나 테이블 위에 장식할 만한 멋진 장식품을 만들어 봅니다.

자, 시작해 볼까요?

1. 먹 준비하기

• 일회용 접시에 먹을 준비합니다.

활용 Tip

• 먹의 농도는 중묵 정도가 적당합니다.

2. 도자기 그리기

• 먹을 이용하여 도자기를 그립니다.

활용 Tip

• 먹을 이용한 그리기를 어려워하는 아이들은 원본 그림을 한지 아래에 댄 후 따라 그리도록 지도하세요.
• 도자기의 전체적인 형태를 먼저 그린 후 세부적인 형태를 완성합니다.

3. 아교 색칠하기

- 아교, 물, 황토색 물감을 1 : 1 : 0.5의 비율로 섞어 줍니다.
- 백붓을 이용하여 그림 전체를 색칠합니다.

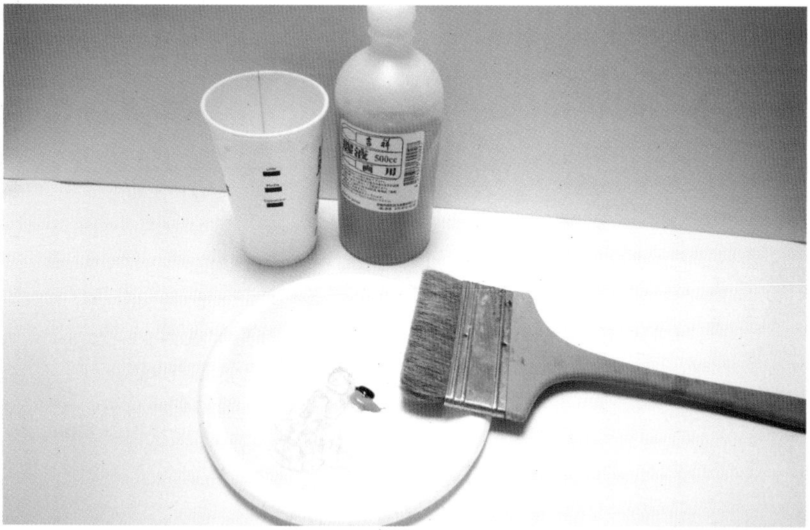

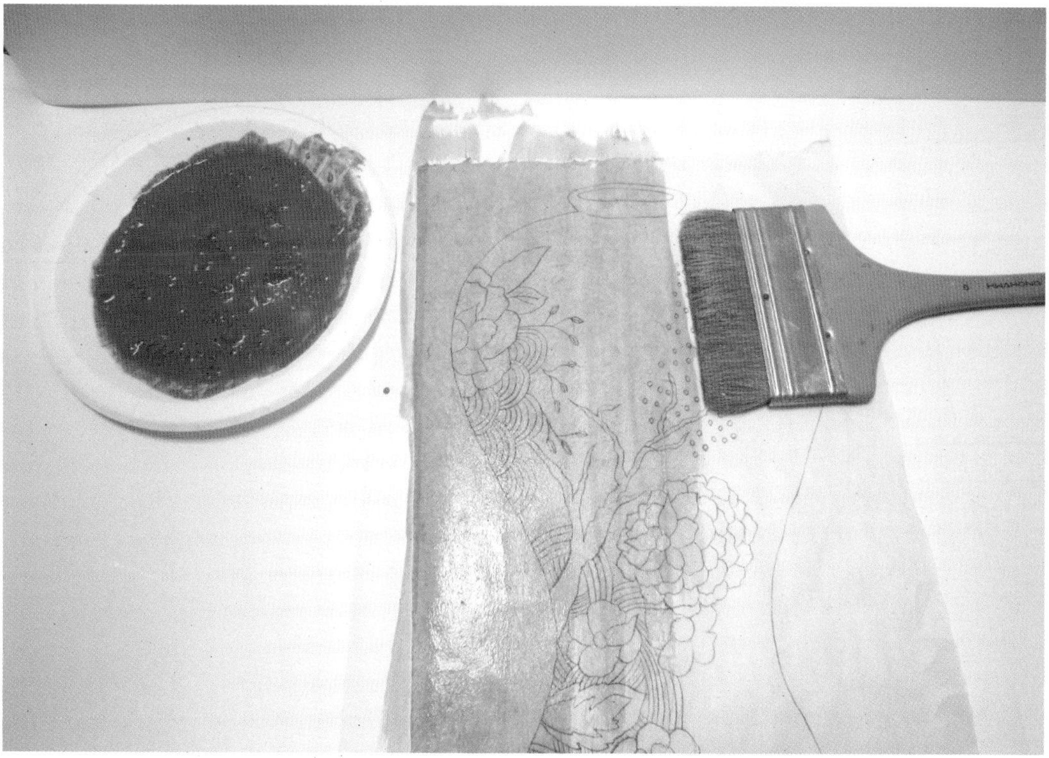

활용 Tip

- 먹의 농도는 중묵 정도가 적당합니다.

4. 채색하기

• 아교가 완전히 마른 후 채색합니다.

활용 Tip

• 드라이어를 이용하여 앞뒤로 말려 주세요.

5. 우드락 붙이기

- 그림을 우드락 위에 붙인 후 도자기 모양대로 자릅니다.
- 액자 받침대에 놓고 원하는 곳에 장식합니다.

활용 Tip

- **액자 받침대는 높이가 높은 제품을 사용하세요.**
- **친구들의 작품과 나의 작품을 비교해 보고 친구는 어떤 주제로 민화를 그렸는지, 어떤 모양의 도자기를 그렸는지 관찰해 봅니다.**
- **액자 받침대 구입처**(아트공구 : https://www.art09.co.kr)

새롭게 알게 됐어요

■ 민화

비전문적인 화가나 일반 대중의 작품 등을 말합니다. 넓은 의미에서는 직업 화가인 도화서의 화원이나 화가로서의 자질과 소양을 갖춘 화공이 그린 그림도 포함합니다. 우리나라 민화 연구의 대부인 조자용 선생님은 '서민, 평민, 상민, 민중 등 사회 계층이나 신분의 구별 없이 도화서 화원은 물론 모든 한국 민족이 그린 그림'이라 해석했습니다. 일반적으로 민족에 얽힌 관습이나 전통적으로 이어져 내려온 생활 습속을 주제로 합니다. 해, 달, 나무, 꽃, 호랑이, 까치, 닭, 개, 뱀, 물고기 등의 소재를 주로 그렸습니다.

■ 아교

동물의 가죽, 창자, 힘줄, 뼈를 고아서 그 액체를 고형화한 접착제를 말합니다.

■ 한지

한국 고유의 기법으로 뜬 독특한 종이로서 닥나무나 삼지닥나무 껍질을 원료로 만듭니다.

■ 도자기

점토에 장석이나 석영 따위의 가루를 섞어서 건조시키거나 질흙으로 빚은 후 높은 온도에서 구워낸 것을 말합니다. 도기, 자기, 사기, 토기, 질그릇 따위를 통틀어 부르는 말입니다.

■ 먹색의 농담

❶ 농묵 : 진한 먹물

❷ 중묵 : 농묵과 담묵의 중간

❸ 담묵 : 연한 먹물

불이 번쩍! 민화 그리기

무엇을 배울까요?

① 민화의 특징과 종류에 대해 알아봅니다.

② 민화를 직접 그려 보고 민화 속에서 여러 가지 표현법을 배워 봅니다.

③ 촛불 전구를 미술 도구로 활용해 봅니다.

준비해 보아요

도화지, 연필, 지우개, 매직, 네임펜, 채색 도구, 촛불 전구, 칼, 글루건, 송곳, 폼포드, 다양한 꾸미기 재료, 시청각 자료(다양한 민화 작품 중 대표적인 작품들을 프린트하여 준비)

생각상자를 열어 보아요

1. 도입

지난 시간에 민화에 대해 배웠습니다. 모두 기억하고 있나요?

2. 전개

① 민화는 무엇일까요?

② 민화의 소재로 어떤 것들을 주로 그렸나요?

③ 내가 민화 작가가 된다면 어떤 소재를 주로 그리고 싶나요?

④ 촛불 전구의 특징은 무엇일까요?

⑤ 촛불 전구를 그림의 일부로 어떻게 활용할 수 있을까요?

(동물의 빛나는 눈을 표현해요, 반짝반짝 빛나는 하늘의 별을 표현해요 등)

3. 마무리

멋지게 민화를 그려 본 후 그림의 일부를 촛불 전구로 표현해 보고 할머니, 할아버지, 친구 등 사랑하는 사람들에게 선물해 줄 멋진 장식품을 만들어 봅니다.

자, 시작해 볼까요?

1. 스케치하기

• 표현 대상을 선택한 후 색 폼포드에 스케치합니다.

활용 Tip

• **스케치 단계에서 촛불 전구를 끼울 부분을 미리 고려하여 스케치합니다.**
(동물의 눈이나 벌린 입, 깃털의 장식, 하늘의 별과 태양, 반딧불 등)

2. 라인 그리기

• 매직과 네임펜을 이용하여 라인을 따라 그립니다.

3. 색칠하기

• 색연필로 부분 채색합니다.

활용 Tip

• 매직, 네임펜과 동일한 색상의 색연필로 부분 부분을 색칠합니다.
• 촛불 전구를 끼울 부분을 제외하고 색칠하도록 지도하세요.
• 명암을 표현하여 입체감을 살려줍니다.

3. 촛불 전구 끼우기

- 촛불 전구를 끼울 자리에 송곳으로 구멍을 냅니다.
- 촛불 전구를 그림과 같이 끼워 줍니다.

4. 마무리하기

• 그림과 같이 테두리를 그리거나 오려 붙여서 액자 틀을 만듭니다.

활용 Tip

• 친구들과 나의 작품을 비교해 보고 친구는 작품 속에서 촛불 전구를 어떻게 활용하였는지 살펴봅니다.
• 친구가 그린 민화는 어떤 민화에 속하는지 분류해 봅니다.

새롭게 알게 됐어요

■ 촛불 전구

촛불 모양의 작은 전구를 말합니다.

■ 글루건

총 모양으로 생긴 공구입니다. 열에 잘 녹는 플라스틱을 200도 이상의 온도로 가열하여 녹인 후 목재, 플라스틱, 금속, 천 등 가볍고 힘이 많이 가해지지 않는 간단한 물체를 접착합니다.

■ 민화의 종류

❶ 화조영모도 : 꽃과 새를 소재로 한 민화를 말합니다. 주로 병풍으로 쓰였습니다.

❷ 어해도 : 물고기를 소재로 한 민화를 말합니다. 꽃과 해초를 곁들여 그린 경우가 많습니다.

❸ 작호도 : 소나무 가지에 앉아 있는 까치와 그 밑에서 이를 바라보는 호랑이를 소재로 한 민화를 말합니다. 잡귀의 침범과 액을 막기 위한 벽사용으로 그려졌습니다.

❹ 십장생도 : 장수의 상징인 십장생(거북, 소나무, 달, 해, 사슴, 학, 돌, 물, 구름, 불로초)을 소재로 그린 민화입니다.

❺ 산수도 : 산의 풍경을 소재로 그린 민화입니다. 화조영모도와 함께 병풍으로 많이 쓰였습니다.

❻ 풍속도 : 사람의 일생이나 일상생활의 한 장면을 소재로 그린 민화입니다. 평생도, 수렵도, 세시풍속도 등이 이에 속합니다.

❼ 고사도 : 고사, 민화, 소설 등의 내용을 소재로 한 민화를 말합니다.

❽ 이외에도 문자도, 책가도, 무속도, 백자용도, 호피도 등 굉장히 많은 종류가 있습니다.

초충도 액자

무엇을 배울까요?

① 신사임당에 대해 알아보고 작품 세계를 탐구해 봅니다.

② 다양한 재료를 사용하여 신사임당의 작품을 재구성해 봅니다.

③ 초충도의 소재와 특징을 알아봅니다.

④ 산수화에 대해 알아봅니다.

준비해 보아요

도화지, 한지, 필름지, 연필, 믹스 커피, 채색 도구, 호일, 가위, 풀, 시청각 재료(신사임당에 관한 영상과 여러 가지 작품 사진, 초충도 대표 작품 사진 등), 5만원권 지폐

생각상자를 열어 보아요

1. 도입

오늘은 우리가 흔히 볼 수 있는 5만원권 지폐 속에 그려진 인물에 대해 이야기를 나눌 거예요.

2. 전개

① 지폐 속에 그려져 있는 사람은 누구일까요?

② 신사임당이라는 이름을 들어본 적 있나요?

③ 신사임당은 무엇을 했던 사람일까요?

④ 신사임당 위인전을 읽어 본 적 있나요?

⑤ 신사임당의 작품을 본 적 있나요?

⑥ 자연 경관을 소재로 한 그림을 뭐라고 부를까요?

⑦ 산수화를 그려 본 적 있나요?

⑧ 산수화를 그린다면 무엇을 그리고 싶은가요?

3. 마무리

우리 모두 신사임당이 되어서 자연 속의 다양한 소재들을 한지 위로 옮겨 봅니다.

자, 시작해 볼까요?

1. 믹스 커피 바르기

- 믹스 커피를 물에 타서 커피물을 만듭니다.
- 그림과 같이 도화지에 2번 정도 칠합니다.

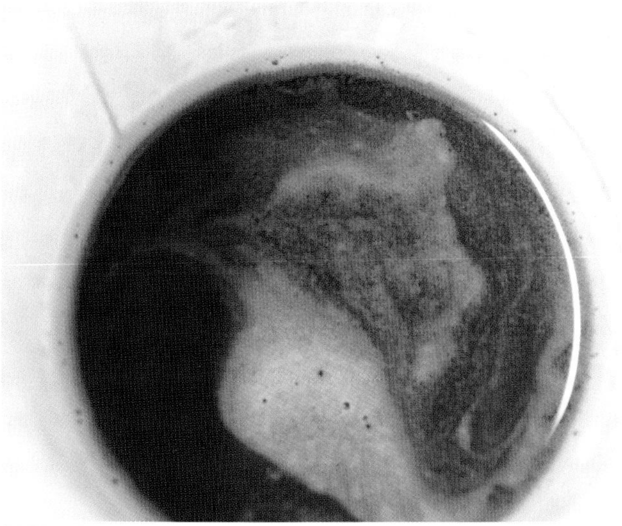

활용 Tip

- 아이들이 커피를 먹지 않도록 주의하세요.
- 뜨거운 물에 손을 데지 않도록 주의하세요.
- 커피를 너무 많이 바르면 종이가 찢어질 수도 있으니 적당히 바릅니다.

2. 스케치하기

• 커피가 마른 후 연필로 스케치합니다.

활용 Tip

• 커피가 완전히 마른 후 스케치하도록 지도하세요.
• 초충도의 '초'에 해당하는 주제를 스케치합니다.

3. 색칠하기

- 매직과 색연필을 이용하여 색칠합니다.
- 호일 위에 그림과 같이 작품의 일부분을 그린 후 오립니다.
- 오려 낸 호일을 그림과 같이 적절한 위치에 붙입니다.

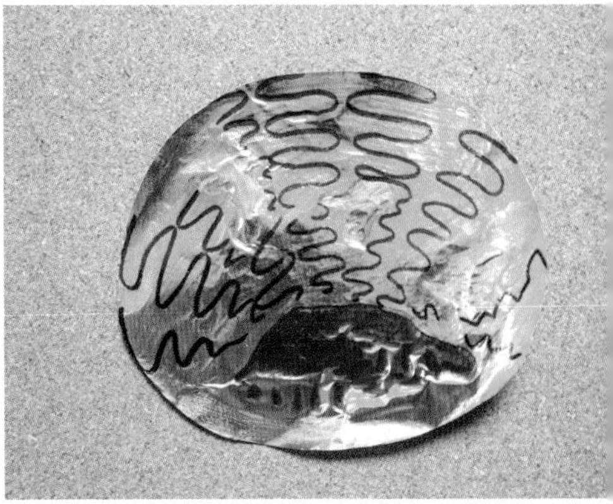

활용 Tip

- 호일이 찢어지지 않도록 주의하세요.
- 초충도의 '초'에 해당하는 주제를 그려 줍니다.

4. 한지 붙이기

• 손으로 한지를 찢은 후 그림과 같이 테두리에 붙입니다.

활용 Tip

• 옛스러운 느낌을 위해 가위를 사용하지 않고 손을 이용하여 한지를 찢도록 합니다.
• 주제를 가리지 않도록 주의하여 붙이도록 지도하세요.

5. 필름지 붙이기

- 필름지에 나비, 곤충 등의 벌레나 작은 양서류를 그린 후 오립니다.
- 오린 필름지를 그림과 같이 적절한 위치에 붙입니다.

활용 Tip

- 초충도의 '충'에 해당하는 주제를 벗어나지 않도록 합니다.

6. 마무리하기

• 색연필을 이용하여 디테일을 꾸며 줍니다.

활용 Tip

• 친구들과 나의 작품을 비교해 보고 친구의 작품 속에서 '초'와 '충'에 해당하는 주제를 찾아봅니다.

• 친구들은 어떤 표현 대상을 선택했는지 살펴보고 작품에 대해 이야기를 나눠 봅니다.

새롭게 알게 됐어요

■ 신사임당

그림뿐만 아니라 시, 글씨에도 남다른 재능을 보였던 조선 전기의 천재 화가입니다. 위대한 학자이자 정치가였던 율곡 이이의 어머니로도 알려져 있습니다. 오늘날에는 율곡 이이의 어머니로 더 유명하지만 당시에는 산수도를 잘 그린 화가로써 명성이 자자했습니다. 주로 초충도, 화훼화, 송대화조화 등의 산수화를 주제로 작품 활동을 했으며 48세의 이른 나이로 세상을 떠나기까지 많은 작품을 남겼습니다.

■ 산수화

자연의 경관을 그린 그림을 말합니다. 고려 시대부터 본격적인 산수화가 등장하기 시작했습니다.

■ 초충도

풀과 벌레를 소재로 하여 그린 그림을 말합니다. 벌레에 해당하는 '충'에는 도마뱀, 개구리 등 작은 양서류도 포함됩니다.

CHAPTER 03

신비로운 무의식의 세계로 떠나 보자! – 초현실주의

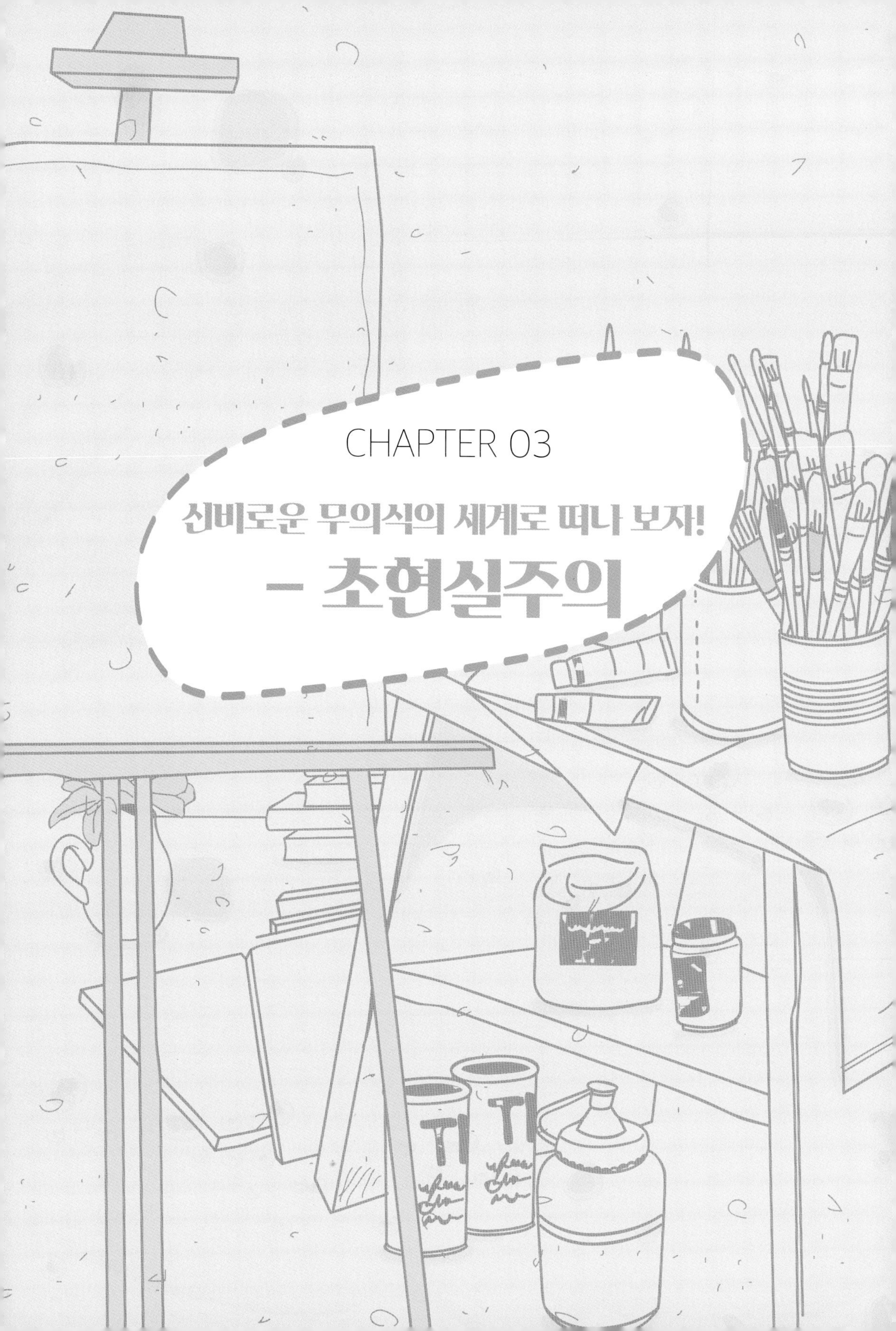

데칼코마니를 해 보자

무엇을 배울까요?

① 초현실주의의 개념과 초현실주의 대표 작가들에 대해 알아봅니다.

② 좌우대칭에 대해 알아보고 우리 주변에서 좌우대칭을 찾아봅니다.

③ 데칼코마니 기법을 활용 및 응용하여 작품을 만들어 봅니다.

준비해 보아요

도화지 2장, 채색 도구, 색지, 가위, 풀, 시청각 자료(르네 마그리트 작품 사진, 데칼코마니 사진 등)

생각상자를 열어 보아요

1. 도입

오늘은 초현실주실주의 세계를 탐구해 보고 데칼코마니 기법에 대해 배울 거예요.

2. 전개

① 초현실주의라는 단어를 들어 본 적 있나요?

② 초현실주의는 무엇일까요?

③ 초현실주의의 대표 작가로는 누가 있을까요?

④ 데칼코마니란 무엇일까요?

⑤ 데칼코마니 기법으로 작품을 만들어 본 적 있나요?

⑥ 좌우대칭이란 무엇일까요?

⑦ 교실 안에서 좌우대칭을 찾아봅시다. 어떤 것들에서 좌우대칭을 찾을 수 있나요?

⑧ 좌우대칭이 맞지 않는 작품은 미술 작품이라고 볼 수 없을까요?

3. 마무리

초현실주의와 데칼코마니 기법을 활용 및 응용하여 색다른 작품을 만들어 봅니다.

자, 시작해 볼까요?

1. 배경 그리기

• 첫 번째 도화지에 물감으로 하늘과 구름을 그립니다.

2. 커튼 만들기

- 두 번째 도화지에 아래와 같이 커튼을 그린 후 오립니다.

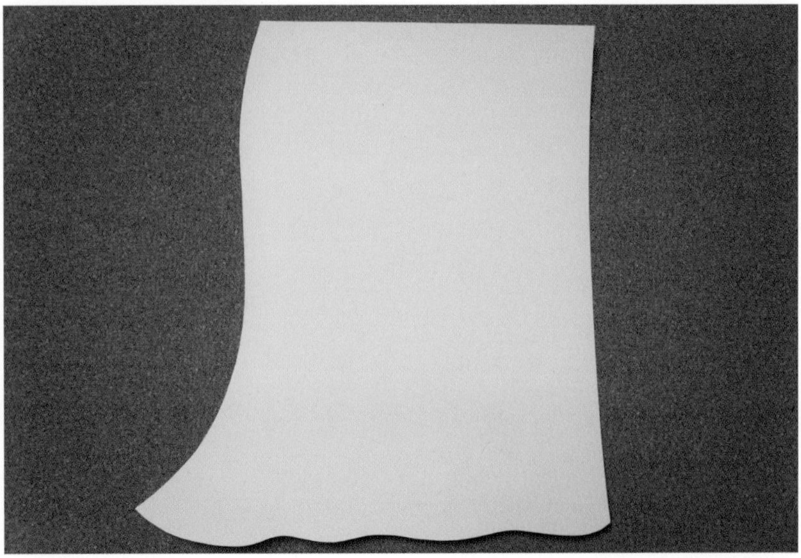

3. 자화상 그리기

• 오려 낸 커튼을 뒤집은 다음 그림과 같이 자화상을 그립니다.

• 칼을 이용하여 그림을 오립니다.

활용 Tip

• 자화상이 아닌 다른 것을 그리고 싶은 아이들은 자유롭게 표현 대상을 선택할 수 있도록 하세요.

• 커튼의 형태가 망가지지 않도록 칼을 이용하여 깨끗하게 오리도록 지도하세요.

• 칼을 사용할 땐 반드시 안전 장갑을 착용하도록 지도하세요.

4. 커튼 색칠하기

• 커튼을 다시 뒤집은 다음 그림과 같이 원하는 색으로 색칠합니다.

활용 Tip

• 커튼의 물결, 주름진 곳의 그림자 등을 섬세하게 표현할수록 커튼의 질감이 더욱더 잘 살아납니다.

• 명암에 유념하여 색칠하도록 지도하세요.

5. 마무리하기

- 첫 번째 도화지 위에 오려 낸 자화상과 커튼을 좌우대칭으로 붙입니다.
- 색종이나 색지로 그림과 같이 패턴을 만든 후 꾸며 줍니다.

활용 Tip

- 친구와 나의 작품을 비교해 보고 친구는 어떤 표현 대상을 선택했는지, 초현실주의를 어떤 식으로 표현했는지 살펴봅니다.

새롭게 알게 됐어요

■ 초현실주의

의식과 무의식을 혼합하여 현실을 초월한 세계를 창조하는 것으로 한 공간 안에 공존할 수 없는 것들을 함께 존재하게 하거나 현실에 존재하지 않는 일들을 그림으로 나타내는 미술 양식을 말합니다. 대표적인 작가로는 르네 마그리트, 달리, 샤갈 등이 있습니다.

❶ 르네 마그리트 : 벨기에 출신의 초현실주의 대표 화가로 우리에게 친숙한 것들을 예기치 않은 공간에 그려 넣어 새로운 의미를 부여한 작품들로 유명합니다. 1963년부터 고립된 물체 자체의 불가사의한 힘을 끄집어내는 듯한 독특한 세계를 그리기 시작했습니다. 후에 팝 아트에도 큰 영향을 끼쳤습니다.

❷ 달리 : 초현실주의 화가로 꿈과 환상의 세계를 주제로 작품 활동을 했습니다.

❸ 샤갈 : 러시아 출신의 프랑스 화가로 중력의 법칙을 벗어난 영원의 사랑을 주제로 작품을 그렸습니다. 샤갈의 작품 속에서 인간과 동물은 자유롭게 하늘을 날아다니는데 이것은 사랑의 신화를 표현한 것이라고 합니다.

■ 좌우대칭

한 평면에 의해 몸이 좌우로 똑같이 나누어지는 것을 말합니다.

■ 데칼코마니

'복사하다, 전사하다'라는 뜻의 프랑스어와 '편집'이라는 뜻의 합성어로 '전사법', '등사술'을 의미하는 미술 용어입니다. 특정한 무늬를 종이에 찍어서 얇은 막을 이루게 한 뒤 다른 표면으로 옮기는 회화 기법입니다.

두 작품을 하나로

무엇을 배울까요?

① 두 개의 이미지를 합성하여 제3의 이미지를 만들어 봅니다.

② 친구와 함께 협동화를 완성해 봅니다.

③ 완성된 작품 속에서 초현실주의적인 요소를 찾아보고 초현실주의의 작품 세계를 탐구해 봅니다.

④ 직조 기법을 배워 봅니다.

준비해 보아요

채색 도구, 가위, 테이프, 칼, 가위, 시청각 자료(직조 기법으로 만든 작품, 르네 마그리트 작품 사진 등)

생각상자를 열어 보아요

1. 도입

지난 시간에 배웠던 르네 마그리트에 대해 기억하고 있나요? 오늘은 르네 마그리트의 작품 세계와 초현실주의에 대해 더욱 심도 깊게 이해해 보는 시간을 가질 거예요.

2. 전개

① 지난 시간에 보았던 르네 마그리트의 작품 중 기억나는 것이 있나요? 어떤 것이었나요?

② 르네 마그리트의 어떤 작품을 가장 좋아하나요?

③ 초현실주의란 무엇인가요?

④ 직조 기법은 무엇일까요?

⑤ 직조 기법으로 작품을 만들어 본 적 있나요?

3. 마무리

르네 마그리트의 작품 중 가장 마음에 드는 작품 두 개를 골라서 그려 본 후 직조 기법을 통해 새로운 이미지를 만들어 봅니다.

자, 시작해 볼까요?

1. 스케치하기

• 르네 마그리트 작품 중 두 작품을 선정한 후 스케치합니다

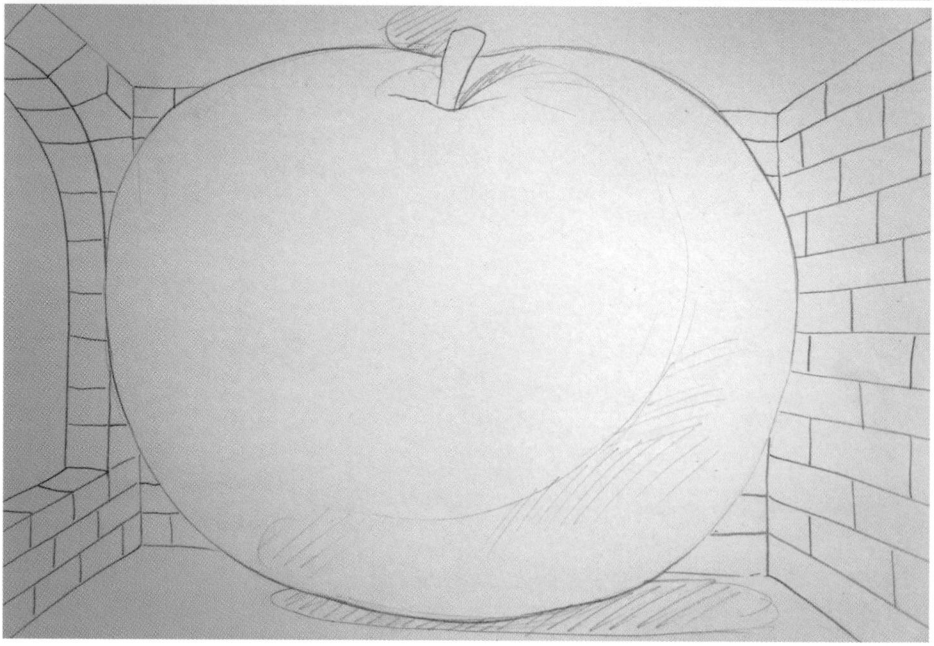

2. 색칠하기

• 채색 도구를 사용하여 색칠합니다.

3. 칼선 내기

• 두 개의 그림 중 하나를 선택합니다.
• 선택한 그림의 위아래에 0.5cm 정도의 여백을 남겨 놓습니다.
• 여백을 제외한 나머지 공간에 세로로 칼선을 냅니다.

활용 Tip

• 칼선을 내기 전 연필과 자를 사용하여 미리 선을 그어 주세요.
• 선과 선 사이의 간격은 균등해야 합니다.
• 칼선을 낼 때 반드시 자를 사용하여 선이 삐뚤어지지 않도록 합니다.
• 여백을 꼭 남겨 놓도록 합니다.
• 아이가 칼 사용을 어려워하는 경우 선생님의 도움을 받을 수 있도록 해 주세요.
• 칼을 사용하는 경우 반드시 안전 장갑을 착용하도록 지도하세요.

4. 그림 오리기

• 칼과 자를 사용하여 그림을 가로로 자릅니다.

활용 Tip

• 그림과 같이 여백을 남겨놓지 않고 끝까지 잘라주세요.
• 그림을 자르기 전 연필과 자를 이용하여 미리 가로 선을 그어 주세요.
• 가위를 사용할 경우 선이 삐뚤빼뚤할 수 있습니다. 반드시 칼과 자를 사용하여 잘라주세요.
• 아이가 칼 사용을 어려워하는 경우 선생님의 도움을 받을 수 있도록 해 주세요.

5. 그림 합성하기

- 첫 번째 그림에 두 번째 그림을 하나하나 순서대로 끼워 줍니다.
- 그림과 같이 직조 기법을 이용하여 두 개의 그림을 하나로 합성합니다.

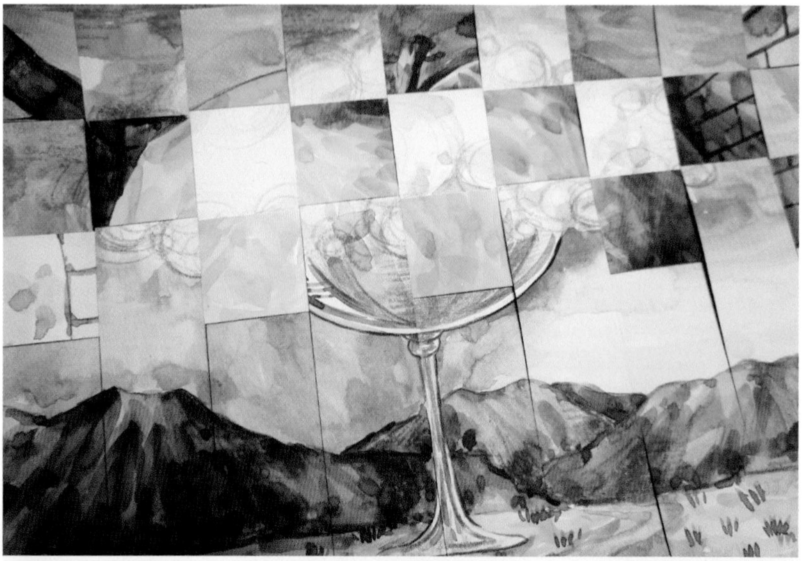

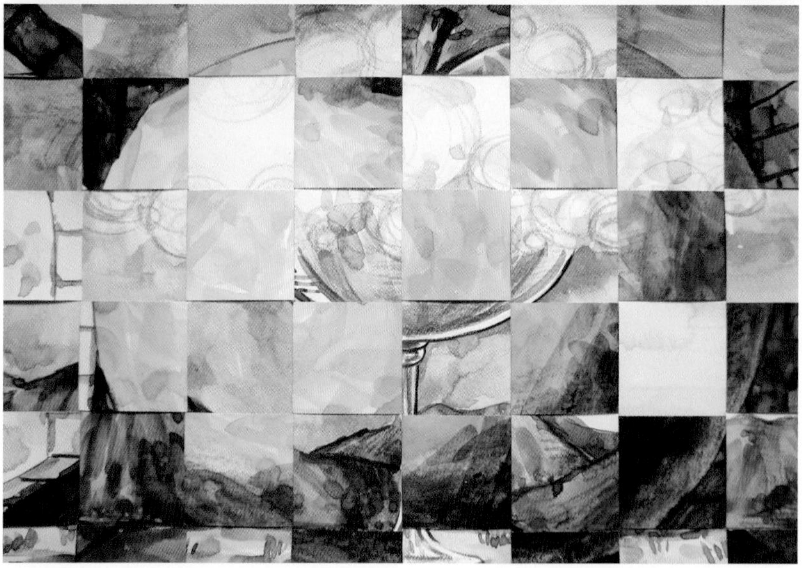

활용 Tip

- 그림을 끼울 때 반드시 순서대로 끼워 줍니다. 순서가 맞지 않는 경우 형체를 알아볼 수 없습니다.
- 완성된 작품을 친구와 비교해 보고 친구가 어떤 작품을 그렸는지 맞혀 봅니다.

새롭게 알게 됐어요

■ 초합성

둘 이상의 것을 합쳐서 하나를 이루는 것을 말합니다.

■ 협동화

둘 이상이 함께 협동하여 하나의 작품을 완성하는 것을 말합니다.

■ 직조 기법

여러 개의 단면을 수직으로 엮어서 하나의 완성된 형태를 만들어 내는 기법을 말합니다.

애니메이션 포스터

무엇을 배울까요?

① 나만의 개성 있는 포스터를 디자인해 봅니다.

② 다양한 기법을 활용하여 포스터를 꾸며 봅니다.

③ 상상화에 대해 알아봅니다.

준비해 보아요

도화지, 연필, 지우개, 채색 도구, 애니메이션 포스터(다양한 애니메이션 포스터를 프린트하여 준비)

생각상자를 열어 보아요

1. 도입

오늘은 우리 친구들이 좋아하는 애니메이션에 대해 이야기를 나눌 거예요.

2. 전개

① 애니메이션은 무엇일까요?

② 애니메이션을 본 적 있나요?

③ 내가 가장 좋아하는 애니메이션은 무엇인가요? 이유는 무엇인가요?

④ 내가 가장 좋아하는 애니메이션 속 주인공은 누구인가요? 이유는 무엇인가요?

⑤ 만약 내가 애니메이션 속으로 들어갈 수 있다면 어떤 애니메이션 속으로 들어가고 싶나요?

⑥ 원하는 애니메이션 속으로 들어간다면 제일 먼저 무엇을 하고 싶나요?

3. 마무리

내가 좋아하는 애니메이션 포스터를 직접 만들어 보고, 애니메이션을 보았을 때 들었던 여러 가지 생각과 다양한 느낌을 종이 위에 펼쳐 봅니다.

자, 시작해 볼까요?

1. 인물 잘라 붙이기

• 도화지 위에 포스터의 인물을 자른 후 붙입니다.

활용 Tip

• 원치 않는 부분은 과감히 잘라 주세요.
• 그림과 같이 여백을 적당히 남겨 놓도록 합니다. 여백이 너무 좁을 경우 스케치 공간이 충분하지 않아 표현력이 제한됩니다.

2. 스케치하기

• 빈 공간에 들어갈 상황, 느낌, 정서 등을 스케치합니다.

활용 Tip

• 포스터 내용과 너무 동떨어지지 않은 내용을 그리도록 지도하세요.

3. 색칠하기

- 스케치가 완료된 후 그림과 같이 배경을 4~5칸 정도로 구획합니다.
- 각 칸마다 어떤 방법으로 색칠을 할 것인지 정합니다. (수채화, 색연필, 붓펜, 소묘 등)
- 정해진 방법으로 채색합니다.

활용 Tip

- 그림과 같이 각 칸마다 중심이 되는 색상을 정한 후 칸마다 2~3가지 정도의 색상을 사용하여 색칠하면 훨씬 깔끔하고 만화적인 효과를 낼 수 있습니다.
- 동일한 기법으로 배경 전체를 채색하면 산만하고 정신 없는 느낌을 줄 수 있으니 주의하세요.

4. 마무리하기

• 그림의 디테일을 정리해 줍니다.

활용 Tip

• 친구들은 어떤 애니메이션을 선택했는지, 각 칸마다 어떤 기법을 사용했는지 살펴보고 각자의 작품에 대해 이야기를 나눠 봅니다.

새롭게 알게 됐어요

■ 포스터

시각 디자인의 기본 형식으로 전달하고자 하는 내용을 대중에게 알리기 위해 지면 위에 문자, 그림, 사진 등을 사용하여 표현하는 광고물을 말합니다.

■ 상상화

생각과 상상을 그리는 것을 말합니다.

■ 애니메이션

움직이지 않는 물체를 움직이는 것처럼 보이게 만드는 촬영 기법을 말합니다.

옆모습 옵아트

무엇을 배울까요?

① 옵아트(광학적 미술)의 특징과 대표 작가들에 대해 알아봅니다.

② 옵아트 기법을 바탕으로 자화상을 그려 봅니다.

③ 추상적인 무늬와 색채로 나의 모습을 표현해 봅니다.

준비해 보아요

도화지, 연필, 지우개, 채색 도구, 옆모습 사진(학생별로 프린트하여 준비), 시청각 자료(옵아트 작품 사진, 옵아트 기법을 활용한 일상생활 속 다양한 제품 사진, 착시 현상을 일으키는 사진 등)

생각상자를 열어 보아요

1. 도입

오늘은 조금 독특한 방식으로 나의 자화상을 그릴 거예요.

2. 전개

① 자화상은 무엇일까요?

② 자화상을 그려 본 적 있나요?

③ 이 그림은 빅토르 바라젤리의 그림입니다. 이 그림을 처음 보았을 때 어떤 느낌이 들었나요?

④ 이 그림을 오랫동안 바라보고 있으면 어떨 것 같나요?

⑤ 이처럼 착시 효과를 일으키는 미술을 옵아트라고 합니다.

3. 마무리

옵아트 기법을 이용하여 나의 옆모습을 그려 보고, 친구가 그린 작품을 감상해 보며 그 안에서 착시 효과가 일어나는 부분을 찾아봅니다.

자, 시작해 볼까요?

1. 스케치하기

• 도화지에 나의 옆모습을 스케치합니다.

활용 Tip

• 미리 준비한 옆모습 사진을 보고 최대한 사실적으로 그리도록 합니다.
• 배경으로 줄 무늬, 바둑판 무늬, 거미줄 무늬, 동그라미 무늬 등의 패턴을 그려 주면 더욱 옵아트적인 느낌을 줄 수 있습니다.
• 일정한 패턴으로 그리기보다는 패턴의 부분 부분에 변화를 주세요.

2. 인물 색칠하기

• 물감을 사용하여 다양한 색으로 색칠합니다.

활용 Tip

• 사진 속 나의 모습 그대로 색칠하기보다는 그림과 같이 원하는 색을 사용하여 자유롭게 색칠하도록 지도하세요.

3. 마무리하기

- 그림과 같이 배경을 색칠합니다.
- 펜 드로잉으로 완성도를 높여 줍니다.

활용 Tip

- 친구들과 나의 작품을 비교해 보고, 친구들의 작품 속에서 옵아트적으로 표현된 부분을 찾아봅니다.
- 친구들의 작품 속에서 착시 현상이 일어나는 부분을 찾아봅니다.

새롭게 알게 됐어요

■ 옵아트

1960년대 일어난 추상 미술의 한 경향으로 추상적인 무늬와 색상을 반복하여 표현함으로써 실제로 화면이 움직이는 것 같은 착란을 일으키는 미술을 뜻합니다. 일종의 착시 효과를 이용한 미술로 그림의 부분들이 순간순간 변하는 것처럼 보이기도 하고 움직이는 것처럼 보이기도 하는 것이 작품의 특징입니다. 일부 작품은 오랫동안 쳐다보면 현기증이 나기도 합니다. 대표 작가로는 빅토르 바자렐리, 브리짓 라일리 등이 있습니다.

❶ 빅토르 바자렐리 : 헝가리 출신의 옵아트 작가로 반복되는 패턴과 조형의 기하학적 추상을 토대로 작품을 만들었습니다. 부분의 미묘한 변화와 그 변화들로 말미암아 만들어진 착시 효과를 이용해 화면에 생생한 움직임을 주어 시각적 모호성을 꾀하였습니다. 20세기의 중요한 작가 중 한 사람으로 인정받고 있습니다.

❷ 브리짓 라일리 : 영국의 미술가로 주로 구불거리는 선들을 반복하여 표현한 것이 특징입니다. 아지랑이 같은 느낌이 드는 물결무늬를 주로 사용했습니다.

■ 추상미술

눈앞에 보이는 표현 대상의 구체적, 객관적 정보를 있는 그대로 묘사하지 않고 색, 선, 형 등의 추상적 형식으로 구성하는 미술을 총칭하는 말입니다. 20세기 미술에서 가장 중요한 주류의 하나로 옵아트도 추상 미술의 한 종류입니다.

■ 자화상

스스로 자신의 초상화를 그리는 것을 말합니다.

■ 착시 효과

인지적 과정의 오류로 인해 정보가 변형되어 실제 모습과 다르게 보이거나 움직이는 것처럼 보이는 것을 말합니다.

CHAPTER 04

알쏭달쏭, 재미있는 상상의 세계 – 아르누보

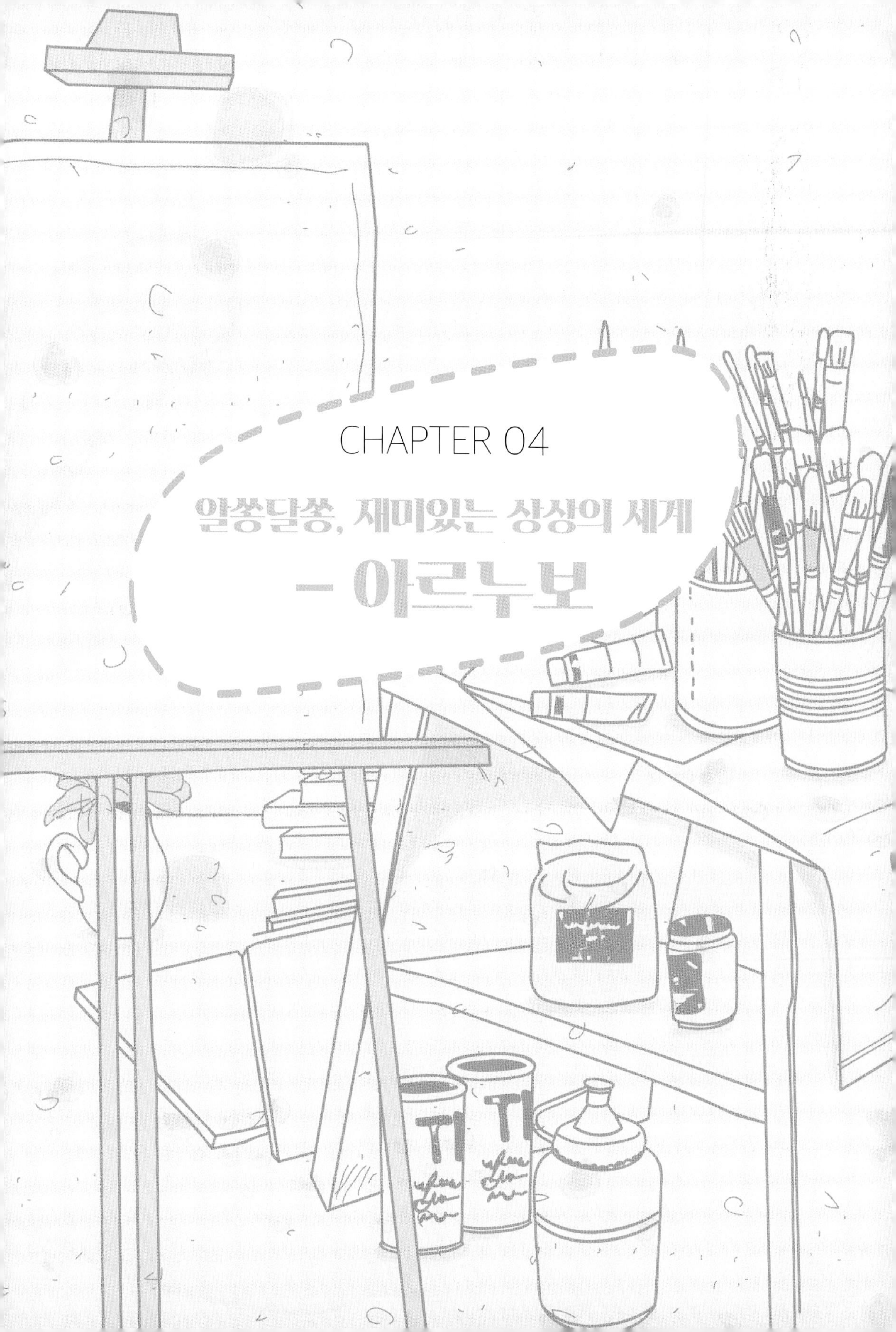

나의 헤어 디자인

무엇을 배울까요?

① 물 문양 패턴을 활용하여 작품을 완성해 봅니다.

② 아르누보 양식의 특징을 알아보고 새로운 표현 기법을 회화에 적용해 봅니다.

준비해 보아요

연필, 지우개, 네임펜, 매직, 풀, 채색 도구, 아이들 사진(미리 A4 용지에 프린트하여 준비)

생각상자를 열어 보아요

1. 도입

오늘은 미용실에 갔을 때의 기억을 떠올려 보고 이전에 단 한 번도 해 본 적 없는 새로운 헤어스타일을 상상해 보도록 할 거예요.

2. 전개

① 미용실에 가 본 적 있나요? 누구와 갔나요?

② 미용실에 가서 무엇을 했나요?

③ 미용실에서 헤어스타일을 바꾸고 난 후 어떤 기분이 들었나요?

④ 어떤 헤어스타일로 바꾸고 싶나요?

⑤ 만약 내가 헤어 디자이너가 된다면 내 머리를 어떻게 스타일링하고 싶나요?

3. 마무리

헤어 디자이너가 된 내 모습을 떠올려 보면서 종이 위에 나와 어울리는 멋진 헤어스타일을 그려 봅니다.

자, 시작해 볼까요?

1. 사진 오리기

• 준비한 사진을 그림과 같이 오립니다.

활용 Tip

• 사진을 오릴 때 헤어 라인을 기준으로 오려 줍니다.
• 머리카락을 모두 오려야 훨씬 생동감 있는 작품을 만들 수 있습니다.

2. 머리 스케치하기

- 아르누보 양식을 이용한 작품들을 떠올리면서 전체적인 형태를 그립니다.
- 매직과 사인펜으로 라인을 따라 그립니다.

활용 Tip

- 아르누보 양식의 특징이 잘 드러나도록 구불구불한 곡선으로 표현해 줍니다. 최대한 곡선을 많이 활용할수록 아르누보 양식 같은 효과를 줄 수 있습니다.
- 전체적인 형태를 먼저 그려 준 후 세부적인 형태를 그려 줍니다.

3. 스케치 완성하기

• 완성된 머리를 그림과 같이 구획한 후 디테일을 완성합니다.

활용 Tip

• 선의 강약 조절을 통해 두께를 다르게 표현해 주세요.

4. 머리 꾸미기

• 아르누보의 특징인 식물 무늬, 패턴, 액자 형태 등을 그려 넣습니다.

활용 Tip

• **아르누보의 특징인 선형 어휘**(소용돌이치는 곡선, 자연의 곡선, 동식물의 선 등)**로 빈 공간을 채워 줍니다.**
• **한 가지만으로 반복되는 패턴으로 채워 넣지 않도록 지도하세요.**
• **다양한 패턴을 사용하여 빈 공간을 채워 주면 작품이 더욱 풍성해집니다.**

5. 마무리하기

• 채색 도구를 이용하여 색칠합니다.

활용 Tip

• 마커, 물감, 사인펜, 색연필, 매직 등을 이용하여 자유롭게 꾸며 주세요.

새롭게 알게 됐어요

■ 아르누보 양식

'새로운 예술'을 뜻하는 아르누보는 1890~1910년 사이 미국, 남미, 유럽 각지에 이르기까지 국제적으로 유행한 양식입니다. 아르누보는 단지 구불구불하고 유연한 선으로 만들어진 철재 난간, 덩굴 식물, 꽃무늬 등의 미술 양식뿐만 아니라 시대적 요구와 분위기를 적극 반영한 일종의 예술 운동까지 모두 포괄하는 단어입니다.

■ 알폰스 무하 마그넷

코의 화가이자 장식 미술가입니다. 아르누보 양식의 대표 작가로 젊고 매혹적인 여성에 대한 묘사와 장식적인 문양, 다채로운 색감 등의 화풍은 현재까지도 아르누보의 정수로 평가받고 있습니다. 특히 알폰스 무하의 포스터와 장식 작품은 실용 미술을 순수 미술의 단계까지 끌어올렸으며 근대 미술이 등장하고 발전하는 데 중요한 역할을 했습니다.

캘리그라피로 이름을 써 보자

무엇을 배울까요?

① 아르누보 양식의 특징을 살려서 디자인해 봅니다.

② 캘리그라피를 배워 봅니다.

③ 디자인의 개념을 배워 봅니다.

준비해 보아요

도화지, 채색 도구, 시청각 자료(캘리그라피 예시, 다양한 문양과 패턴 사진 등)

생각상자를 열어 보아요

1. 도입

오늘은 나의 이름을 개성 있고 재미있게 디자인해 보는 시간을 가질 거예요.

2. 전개

① 내 이름을 종이에 쓴 후 예쁘게 꾸며 본 적 있나요?

② 글자를 독특하고 예쁘게 디자인하는 것을 뭐라고 부를까요?

③ 캘리그라피라는 단어를 들어 본 적 있나요?

④ 캘리그라피는 무엇일까요?

⑤ 캘리그라피를 해 본 적 있나요?

⑥ 어떤 문양을 이용하여 내 이름을 꾸미고 싶은가요?

3. 마무리

지난번에 배웠던 아르누보 양식의 특징을 살려서 나의 이름을 예쁘게 디자인해 봅니다.

자, 시작해 볼까요?

1. 기본 형태 그리기

• 도화지에 기본 틀을 그립니다.

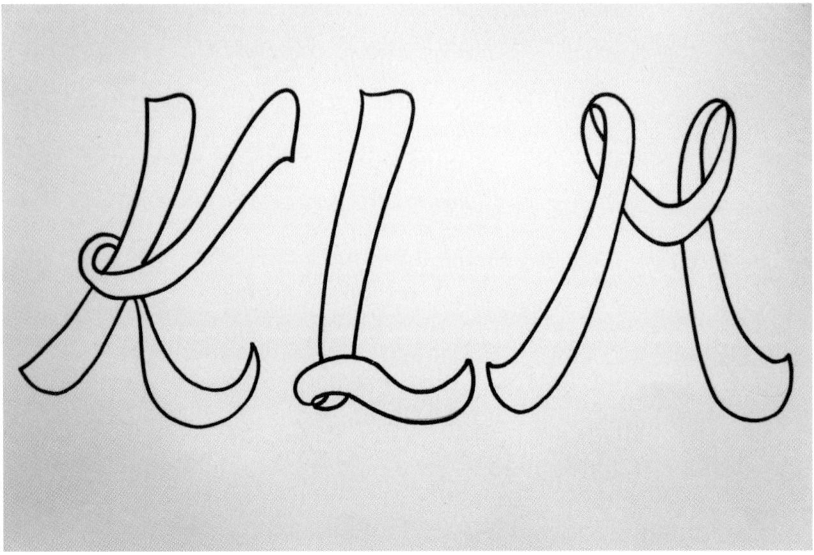

활용 Tip

• 종이를 글자 수만큼 구획한 후 기본 틀을 그려 줍니다.
• 글자가 어느 한 방향으로 쏠리지 않고 위아래, 양옆의 공백이 균등하게 남도록 위치를 잡을 수 있게 지도하세요.

2. 스케치하기

• 빈 공간에 들어갈 상황, 느낌, 정서 등을 스케치합니다.

활용 Tip

• 포스터 내용과 너무 동떨어지지 않은 내용을 그리도록 지도하세요.

3. 색칠하기

• 글자의 바깥 부분은 제외하고 글자의 안을 색칠합니다.

활용 Tip

• 다양한 색을 사용하여 색칠할 수 있도록 지도하세요.

4. 라인 드로잉으로 마무리하기

• 글자 바깥의 무늬와 패턴은 라인 드로잉으로 마무리합니다.

활용 Tip

• 친구와 나의 작품을 비교해 보고 친구의 작품 속에서 아르누보적인 표현이 살아 있는 부분을 찾아봅니다.

새롭게 알게 됐어요

■ 캘리그라피

'아름답게 쓰다'는 뜻으로 동양에서 일컫는 '서(書)'에 해당합니다. 의미를 전달한다는 문자의 본뜻을 떠나 순수한 조형의 관점에서 글자를 바라보는 것을 말합니다. 중국에서는 캘리그라피가 고도로 발달하여 독립된 하나의 장르를 이루고 있으며 이슬람권에서도 중요시되고 있습니다.

■ 디자인

'지시하다, 표현하다, 성취하다'의 뜻을 가지고 있는 라틴어의 데시그나레(designare)에서 유래되었습니다. 주어진 목적을 조형적으로 실체화한 의장이나 도안을 말합니다.

■ 라인 드로잉

선으로만 형태를 표현하는 드로잉 기법으로 음영이나 명암 등을 넣지 않고 펜으로만 그리는 그림을 말합니다.

CHAPTER 05

빛에 따라 변하는 세상 - 인상주의 vs 신인상주의

낮과 밤이 바뀐다면

무엇을 배울까요?

① 인상주의에 대해 알아보고 대표 인상파인 고흐의 작품 세계를 탐구해 봅니다.

② 명화를 재해석하는 과정 속에서 새로운 기법을 배워 봅니다.

③ 빛의 변화에 따른 대상의 변화를 관찰해 봅니다.

준비해 보아요

도화지, 연필, 지우개, 채색 도구, 시청각 자료(고흐의 사진, 고흐의 작품 사진과 작품 속 실제 장소 등)

생각상자를 열어 보아요

1. 도입

오늘은 작품 속의 낮과 밤이 바뀐다면 어떤 모습일지 상상해 보고 그와 관련된 작품 활동을 할 거예요.

2. 전개

① 빈센트 반 고흐라는 이름을 들어본 적 있나요? 누구일까요?

② 이 그림은 빈센트 반 고흐의 '별이 빛나는 밤'이라는 그림입니다. 만약 이 그림 속의 낮 밤이 바뀐다면 그림의 분위기는 어떻게 달라질까요?

③ 이 그림은 빈센트 반 고흐의 '밤의 카페테라스'라는 그림입니다. 만약 이 그림 속의 낮 밤이 바뀐다면 그림의 분위기는 어떻게 달라질까요?

④ 인상주의 화가들은 빛을 중요시했습니다. 낮에 이용할 수 있는 빛에는 무엇이 있을까요?

⑤ 밤에 이용할 수 있는 빛에는 무엇이 있을까요?

⑥ 인공의 빛과 자연의 빛 중 어떤 것을 이용해 그림을 그리고 싶나요?

3. 마무리

실제 작품 속 시제를 바꿔서 그림을 그려 보고 실제 작품과 비교해 본 후 분위기가 어떻게 달라졌는지 관찰해 봅니다.

자, 시작해 볼까요?

1. 스케치하기

• 고흐 작품 중 하나를 고른 후 시제를 바꿔서 스케치합니다.

활용 Tip

• 고흐의 작품 중 대표적인 작품 여러 가지를 미리 프린트해 제공합니다.

• 시제의 변화, 즉 회화적으로 사용할 수 있는 빛의 변화에 따른 극명한 차이를 느낄 수 있는 작품 위주로 선정합니다.
(별이 빛나는 밤에, 밤의 카페테라스 등)

• 고흐의 작품 특징이 잘 묻어나도록 과감한 구도를 사용하여 스케치합니다.

• 작품 속 시제가 밤이면 낮으로, 낮이면 밤으로 바꿔서 스케치할 수 있도록 지도하세요.

2. 색칠하기

• 색연필을 이용하여 색칠합니다.

활용 Tip

• 고흐 작품의 특징 중 하나인 강렬한 보색 대비와 거친 붓터치가 잘 드러나도록 채색해 주세요.
• 그림과 같이 짧은 선들을 이용하여 끊어내 듯 채색하여 거친 붓터치의 느낌을 표현하도록 지도하세요.

3. 색칠 완성하기

• 물감을 사용하여 색칠합니다.

활용 Tip

• 크레파스, 수채물감 등 유성과 수성의 재료를 자유롭게 섞어서 색칠합니다.

4. 마무리하기

• 짧은 붓 터치, 보색 대비 등의 효과로 그림을 완성도를 높입니다.

활용 Tip

• 이미지가 잘 보이지 않을 경우 테두리를 그려 주도록 합니다.
• 원작과 나의 작품을 비교해 보고 어떤 차이가 있는지, 시제 변화가 작품에 어떤 영향을 주는지 관찰해 봅니다.

새롭게 알게 됐어요

■ 인상주의

1860년경 프랑스에서 시작된 새로운 미술의 한 경향으로 빛에 따라 시시각각 변하는 풍경이나 사물에 대한 화가의 순간적이고 주관적인 느낌을 포착하여 그에 대한 인상을 표현하고자 한 회화 중심의 미술 운동을 말합니다. 빛의 효과와 색을 중요시하는 것이 특징입니다. 대표적인 화가로 반 고흐, 모네, 드가 등이 있습니다.

❶ 빈센트 반 고흐 : 네덜란드 출신의 화가로 네덜란드 시절엔 어둡고 우울한 색채와 비참한 주제의 작품을 주로 그렸습니다. 1886년부터 1888년까지 파리에서 작품 활동을 하는 동안 꼼꼼한 필촉과 타는 듯한 색채가 인상적인 고흐 특유의 화풍을 완성했습니다. 1888년 가을, 친구 고갱과의 공동생활 중 발작에 의해 자신의 왼쪽 귀를 자른 사건으로 많이 알려져 있습니다.

❷ 모네 : 프랑스의 인상파 화가로 모네의 작품 '인상, 일출'에서 인상주의라는 말이 생겨났습니다. 연작을 통해 동일한 사물이 빛에 따라 달라지는 모습을 표현한 것이 특징입니다.

❸ 드가 : 파리의 전형적인 부르주아 계급 출신으로 고립과 소외, 긴장과 공허, 권태와 외로움 등을 주제로 작품 활동을 했습니다. 일반적인 드로잉 외에도 에칭, 드라이포인트, 모노타이프 같은 판화 조각, 사진 작업 등 다양한 활동을 했습니다.

■ 명화

아주 잘 그린 그림이나 유명한 그림을 말합니다. 혹은 그림을 잘 그려 이름난 사람을 말하기도 합니다.

해변의 높은 파도 아래

무엇을 배울까요?

① 물감 번지기 기법으로 생동감 넘치는 파도의 모습을 표현해 봅니다.

② 선의 특성을 이해하고 다양한 선을 활용하여 파도의 운동감을 표현해 봅니다.

③ 기호 식품을 미술 재료의 일부로 활용해 봅니다.

준비해 보아요

도화지, 채색 도구, 믹스 커피, 종이컵, 네임펜, 시청각 자료(가츠시카 호쿠사이의 다양한 작품 사진을 프린트 하여 준비)

생각상자를 열어 보아요

1. 도입

오늘은 바다에 갔던 기억을 떠올리면서 파도가 굽이치는 모습을 그릴 거예요.

2. 전개

① 바다에 가 본 적 있나요? 누구와 함께 갔나요?

② 바다에 갔을 때 파도가 굽이치는 모습을 본 적 있나요?

③ 파도가 굽이치는 모습을 보았을 때 어떤 생각이 들었나요?

④ 파도의 형태를 선으로 표현할 수 있을까요?

⑤ 생동감 있는 파도의 형태를 표현하기 위해 어떤 기법을 사용하면 좋을까요?

3. 마무리

머릿속으로 굽이치는 파도를 상상하면서 다양한 선을 이용해 파도의 거친 물살을 가시적인 형태로 표현해 봅니다.

자, 시작해 볼까요?

1. 파도 스케치하기

• 역동적으로 몰아치는 파도의 모습을 스케치합니다.

활용 Tip

• 파도의 거친 물살을 역동적으로 표현해 주세요.
• 구불구불한 선, 지그재그 모양의 선 등 젠탱글 기법을 활용하여 다양한 모양의 선을 그리도록 지도하세요.

2. 배경 색칠하기

• 종이컵에 믹스 커피를 붓습니다.
• 물의 양을 조절하여 적절한 농도를 만든 후 그림과 같이 채색합니다.

3. 물결 색칠하기

• 그림과 같이 파도의 물결 부분만 채색합니다.

활용 Tip

• 배경과 어울리도록 수채 물감을 이용해 채색하도록 합니다.
• 번지기 기법으로 자연스러운 파도의 물결을 표현해 주세요.

4. 라인 그리기

• 매직과 네임펜으로 라인을 그립니다.

5. 패턴 그리기

- 그림과 같이 파도의 부분 부분에 젠탱글 기법으로 재미있는 효과를 넣어 줍니다.

활용 Tip

- 굵은 선, 곡선, 직선, 번개 모양, 회오리 모양 등 패턴의 형태가 다양할수록 더욱더 화려한 작품을 완성할 수 있습니다.
- 구역마다 패턴의 모양이나 선의 굵기를 다르게 하는 등 다양한 연출을 통해 파도를 표현해 주세요.

새롭게 알게 됐어요

■ 가츠시카 호쿠사이

일본 에도 시대의 목판 화가로 유명 작가들의 삽화를 그리면서 작가로서의 가치를 인정받기 시작했습니다. 주로 자연의 물상 속에 작가 본인의 주관을 반영하는 독특한 화풍을 만들어 냈고, 이는 서양 예술계에도 많은 영향을 끼쳤습니다. 특히 프랑스의 인상주의 화가들에게 많은 영향을 끼쳤으며, 서민 생활을 바탕으로 제작된 회화의 한 양식인 우키요에 양식의 그림을 발전시킨 작가이기도 합니다.

■ 젠탱글

'젠(zen : 선)'과 '탱글(tangle : 얽히다)'의 합성어로 선이 서로 얽혀 이뤄진 모양의 패턴을 그리는 낙서를 말합니다. 단순한 선 그리기의 반복으로 상상 이상의 놀라운 작품을 만들 수 있는 기법입니다.

■ 번지기 기법

미술 기법 중 하나로 종이에 붓으로 물을 바른 후 마르기 전 그 위에 물감을 칠하거나 떨어뜨려서 물감을 인위적으로 번지게 하는 표현 기법입니다.

점이 모여 동물이 되었어요

무엇을 배울까요?

① 조르주 쇠라에 대해 알아보고 그의 작품 세계를 탐구해 봅니다.

② 신인상주의에 대해 알아봅니다.

③ 점묘화 그리기를 통해 점묘화법을 배워 봅니다.

④ 여러 가지 동물의 종류와 형태를 알아봅니다.

준비해 보아요

도화지, 연필, 지우개, 매직, 파스텔, 시청각 자료(다양한 동물 사진 및 영상)

생각상자를 열어 보아요

1. 도입

오늘은 평소와 조금 다른 방법으로 우리가 좋아하는 동물 친구들을 그릴 거예요.

2. 전개

① 평상시에 동물을 좋아하나요?

② 어떤 동물을 좋아하나요?

③ 그 동물을 좋아하는 이유는 무엇인가요?

④ 동물을 실제로 본 적 있나요?

⑤ 그 동물을 어디서 보았나요?

⑥ 만약 동물과 친구가 될 수 있다면 어떤 동물과 친구가 되고 싶나요?

3. 마무리

여러 동물 친구 중 내가 가장 좋아하는 동물을 선택하여 도화지 위에 그려 보고, 점묘화법을 이용하여 동물의 특징을 표현해 봅니다.

자, 시작해 볼까요?

1. 스케치하기

• 가장 좋아하는 동물을 하나 선택한 후 도화지에 스케치합니다.

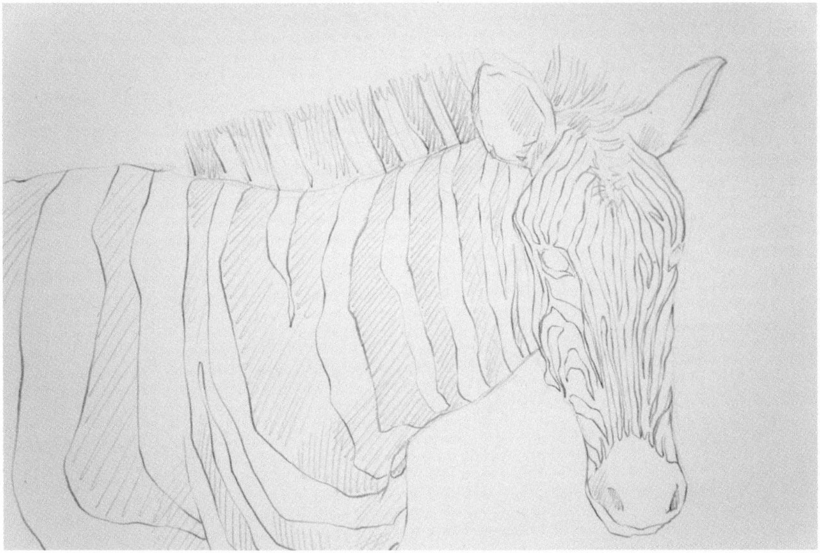

활용 Tip

• 캐릭터가 아니라 실제 동물 사진을 프린트하여 준비합니다.
• 동물의 특징을 잘 살려서 그릴 수 있도록 지도하세요.
(코리끼 - 귀가 크고 코가 길다, 기린-목이 길다, 하마-입이 크다 등)

2. 라인 그리기

• 라인 위에 그림과 같이 점을 촘촘하게 찍습니다.

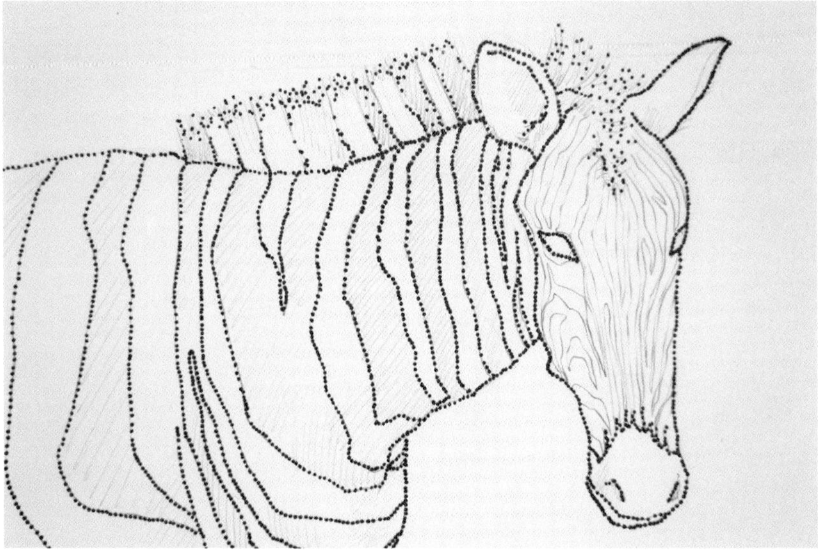

활용 Tip

• 아이들이 어려워하거나 힘들어 할 경우 그림의 일부만 점묘화법으로 표현하도록 지도하세요.

3. 점묘화법으로 채색하기

• 점묘화법으로 표현 대상을 채색합니다

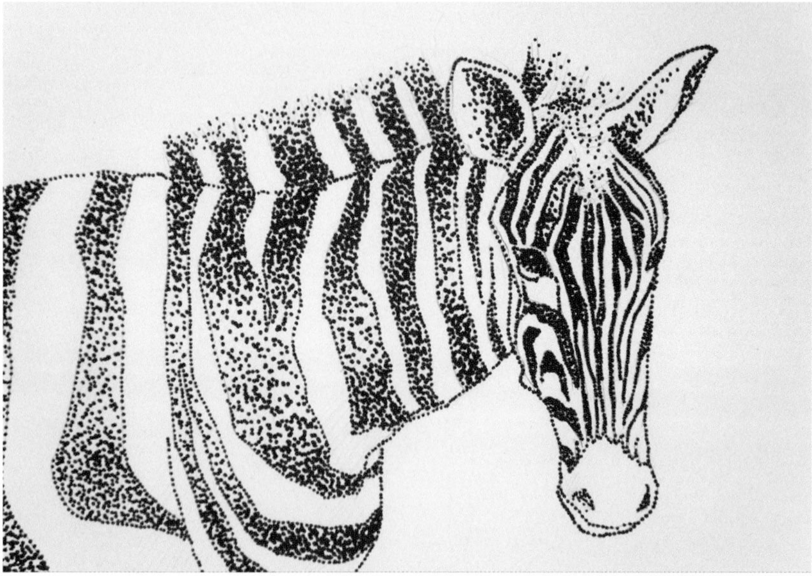

활용 Tip

• 빛을 받는 부분은 점의 밀도를 낮게, 빛을 받지 않는 부분은 점의 밀도를 높게 하면 명암을 표현할 수 있습니다. 점의 분포에 따른 명암 표현을 설명해 주세요.

4. 양감 표현하기

• 밝고 어두운 면을 좀 더 상세하게 표현합니다.

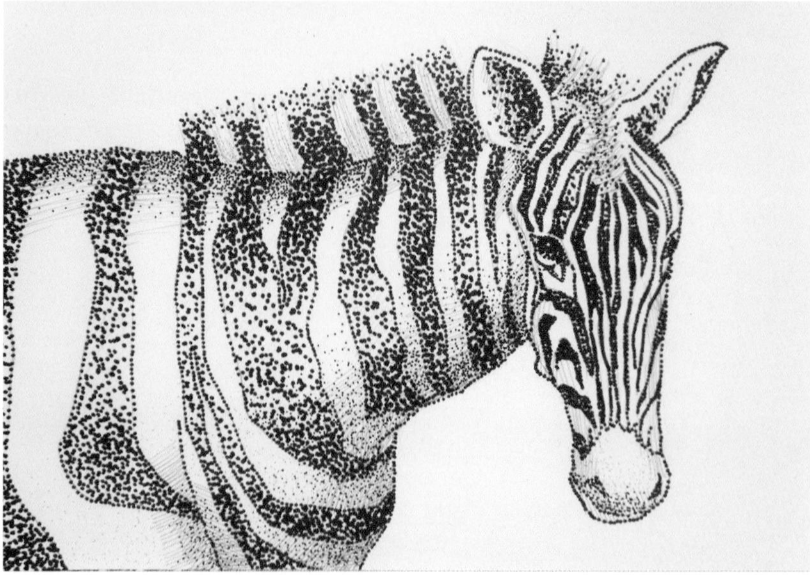

활용 Tip

• 그림자가 지는 부분과 외곽선 안쪽에 그림과 같이 점을 찍어서 표현 대상의 양감을 표현해 주세요.

5. 마무리하기

• 파스텔을 이용하여 배경을 색칠합니다.

활용 Tip

• 친구들은 점묘화법으로 어떤 동물을 표현했는지 살펴보고 이야기를 나눠 봅니다.
• 친구들의 작품 속에서 명암과 양감이 잘 표현된 부분을 찾아봅니다.

새롭게 알게 됐어요

■ 신인상주의

근대 프랑스 회화의 조류로 인상주의를 과학적 방법으로 추진하고자 한 운동을 말합니다. 대표 작가로는 조르주 쇠라, 폴 시냐크 등이 있습니다.

❶ 조르주 쇠라 : 신인상주의 미술을 대표하는 프랑스 화가로 색채학과 광학이론을 연구하여 점묘화법을 발전시켰습니다. 순수색의 분할과 색채 대비로 신인상주의의 확립을 보여준 작품을 그렸습니다. 폴 세잔과 더불어 20세기 회화의 새로운 장을 열었습니다.

❷ 폴 시냐크 : 신인상주의를 이론화하고 실천한 작가로 알려져 있습니다. 작은 점 대신 좀 더 넓은 모자이크 같은 색점을 이용하여 풍경화 및 초상화를 그렸습니다.

■ 색채학

색을 다루는 학문을 말합니다.

색지가 마술을 부려요

무엇을 배울까요?

① 점묘화법으로 작품을 만들어 보고 점묘화에 대해 배워 봅니다.

② 에펠탑의 구조와 형태를 알아봅니다.

③ 색상환 색종이를 통해 색상 간의 관계와 활용법을 알아봅니다.

준비해 보아요

도화지, 연필, 지우개, 색지, 색상환 색종이, 풀, 가위, 에펠탑 사진

생각상자를 열어 보아요

1. 도입

오늘은 점묘화법을 사용해서 멋진 탑을 만들 거예요.

2. 전개

① 이렇게 생긴 탑을 본 적 있나요?

② 이렇게 생긴 탑의 이름은 무엇일까요?

③ 선과 면 없이 점만으로 그림을 완성할 수 있을까요?

④ 점을 찍어서 그린 그림을 뭐라고 부를까요?

3. 마무리

색종이를 이용한 점묘화법으로 멋진 에펠탑을 만들어 봅니다.

자, 시작해 볼까요?

1. 색종이 준비하기

• 색종이를 가로 X 세로 1cm 크기의 정사각형으로 자릅니다.

활용 Tip

• 아이들이 색종이 자르기를 어려워하거나 대규모 수업일 경우 미리 색종이를 자른 후 분배합니다.

2. 스케치하기

• 도화지에 에펠탑과 배경을 스케치합니다.

활용 Tip

• 4인 1조, 2인 1조로 에펠탑 사진을 나눠 주고 그리도록 합니다.

3. 색종이 붙이기

• 점묘화법으로 에펠탑과 배경을 표현해 줍니다.

활용 Tip

• 색상환을 고려하지 않고 공간을 메우는 개념으로만 색종이를 붙이지 않도록 지도하세요.
• 그림과 같이 밝은 면에는 밝은색 색종이를, 어두운 면에는 밝은색에 붙인 색종이보다 상대적으로 어두운색 색종이를 붙여서 명암을 표현해 줍니다.
• 도화지에 풀칠을 한 후 색종이를 붙이면 더욱 쉽고 깨끗하게 붙일 수 있습니다.
• 점묘화의 기본 원리를 이해하도록 설명해 주세요.

4. 마무리하기

• 그림과 같이 검은색 라인을 넣어서 마무리합니다.

활용 Tip

• **검은색 라인을 넣어 주면 형태가 더욱 명확하게 보입니다.**
• **전체가 아니라 부분** (밝은색 색종이를 사용한 라인, 에펠탑과 배경의 구분이 불명확한 라인) **에 검은색 라인을 넣어서 형태를 쉽게 구분할 수 있도록 해 주세요.**

새롭게 알게 됐어요

■ 점묘화

점을 찍어서 그린 회화로 선과 면이 아닌 수많은 점으로 구성되어 있는 것이 특징입니다.

■ 에펠탑

1889년 프랑스 혁명 100돌 기념 '파리 만국박람회(EXPO)' 때 세워진 높이 약 320m의 격자형 철탑입니다. 탑의 이름은 이 탑을 세운 프랑스 건축가 에펠의 이름에서 유래되었습니다. 건축 당시 에펠탑은 우아한 파리의 거리와 어울리지 않는다는 이유로 '철골 덩어리'라 불리며 당대 지식인들의 비난을 받았습니다. 유명한 소설가 모파상은 에펠탑의 모습을 보고 싶지 않다는 이유로 유일하게 파리 시내에서 에펠탑이 보이지 않는 에펠탑 내 레스토랑에서 밥을 먹곤 했다는 일화가 전해지기도 합니다. 그러나 완공된 후 새로운 예술을 추구하는 사람들에게 많은 지지를 받았고 오늘날 없어서는 안 될 파리의 랜드마크로 자리잡게 되었습니다.

■ 색상환

색상에 따라 계통적으로 색을 둥글게 배열한 것을 말합니다. 색환이라고도 합니다.

흑백 점으로 그림을 그려 봐요

무엇을 배울까요?

① 정물화에 대해 배워 봅니다.

② 점묘화법을 통해 점으로 입체감과 명암을 표현하는 법을 배워 봅니다.

준비해 보아요

도화지, 연필, 지우개, 검정 네임펜, 검정 매직, 다양한 정물(2인 1조 혹은 4인 1조에 하나씩 준비)

생각상자를 열어 보아요

1. 도입

오늘은 한 가지 색을 이용하여 그림을 그릴 때 어떻게 입체감을 표현할 수 있는지 배울 거예요.

2. 전개

① 입체란 무엇일까요?

② 입체에 반대되는 말은 무엇일까요?

③ 우리가 미술 시간마다 사용하는 종이는 입체일까요?

④ 평면 위에 입체를 표현할 수 있을까요?

⑤ 평면 위에 그린 표현 대상에 입체감을 줄 수 있는 방법에는 무엇이 있을까요?

3. 마무리

평면 위에 눈앞에 놓여 있는 정물을 사실적으로 그려 보고 양감 표현, 명암 표현 등을 통해 정물의 입체감을 표현하는 연습을 합니다.

자, 시작해 볼까요?

1. 스케치하기

• 도화지에 정물을 스케치합니다.

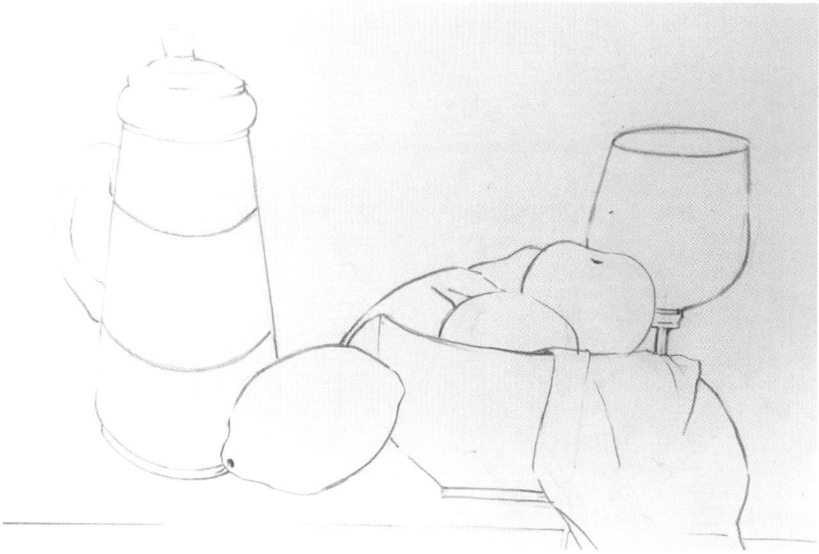

활용 Tip

• 정물을 적당한 위치에 배치한 후 대략적인 형태를 스케치합니다.
• 과장이나 변형 없이 사실적으로 그릴 수 있도록 지도하세요.
• 실제 크기와 중첩 등에 유념하여 그리도록 합니다.

2. 연필선 지우기

• 지우개로 연필선을 지웁니다.

활용 Tip

• 그림과 같이 연필선이 보일 수 있을 정도까지만 지워 주세요.
• 아이들이 연필선을 모두 지워버리지 않도록 지도하세요.

3. 형태 만들기

• 그림과 같이 검정 매직을 이용하여 가장 어두운 부분에 점을 찍어 줍니다.

활용 Tip

• 아이들이 점묘화법을 통한 명암 표현을 어려워할 경우 빛의 방향을 먼저 정한 다음 빛을 받지 않는 부분, 음영이 진 부분 등에 영역을 설정한 후 점을 찍을 수 있도록 지도하세요.

4. 입체감 살리기

• 밝은 부분에도 점을 찍어서 입체감을 표현해 줍니다.

활용 Tip

• 어두운 부분에서 밝은 부분 순으로 점을 찍도록 합니다.

5. 마무리하기

- 네임펜을 이용하여 그림자와 디테일을 표현해 줍니다.

활용 Tip

- 그림자를 그릴 때 빛의 방향에 유념하도록 합니다.
- 매직과 네임펜을 이용하여 멋진 작품을 완성할 수 있다는 것을 배울 수 있습니다.
- 친구들과 나의 작품을 비교해 보고 친구들의 작품 속에서 입체감과 양감 등이 잘 표현된 곳을 찾아보고 빛의 방향을 추측해 봅니다.

새롭게 알게 됐어요

■ 정물

과일, 꽃, 화병 등 정지하여 움직이지 않는 무정물을 말합니다.

■ 정물화

움직이지 않는 무정물을 그린 그림을 말합니다.

■ 입체감

위치, 넓이, 길이, 두께를 가진 물건에서 받는 입체적인 느낌을 말합니다.

수직과 수평 그리기

무엇을 배울까요?

① 몬드리안에 대해 배워 보고 몬드리안의 작품 세계를 탐구해 봅니다.

② 주변에서 수직과 수평을 찾아보고, 수직과 수평에 대해 배워 봅니다.

③ 자를 이용하여 선 긋는 방법을 연습해 보고 선을 활용한 작품을 만들어 봅니다.

준비해 보아요

도화지, 연필, 지우개, 채색 도구, 볼펜, 매직, 자

생각상자를 열어 보아요

1. 도입

오늘은 몬드리안이라는 작가에 대해 배워 보고 도화지 속에 몬드리안의 작품 세계를 초대할 거예요.

2. 전개

① 몬드리안이라는 이름을 들어 본 적 있나요?

② 몬드리안은 누구일까요?

③ 몬드리안의 작품을 본 적 있나요?

④ 몬드리안의 작품을 살펴보고 공통점을 찾아보아요.

⑤ 수직선과 수평선만 이용하여 그림을 그릴 수 있을까요?

⑥ 우리 주변에서 수직선과 수평선을 찾아봅시다. 혹은 그런 물건을 찾아보아요. 어떤 것들이 있나요?

⑦ 빨강, 노랑, 파랑, 검정만 사용하여 그림을 그릴 수 있을까요? 어떤 느낌이 들까요?

3. 마무리

우리 모두 몬드리안이 되어 주변의 복잡한 형상들을 단순화하는 것을 연습해 보고, 수직선과 수평선만 사용하여 멋진 추상화를 그려 봅니다.

자, 시작해 볼까요?

1. 스케치하기

- 표현 대상을 정한 후 그림과 같이 스케치합니다.
- 스케치가 끝난 후 가로선과 세로선을 그어서 칸을 나눕니다.

활용 Tip

- 선을 그을 때 반드시 직선만 사용하도록 합니다.
- 선을 그을 때 바둑판처럼 균등한 높이와 간격으로 선을 긋기보다는 선과 선 사이를 불규칙하게 배열할수록 추상주의의 느낌이 더욱더 살아납니다.
- 선을 그을 때 반드시 자를 사용할 수 있도록 지도하세요.

2. 색칠하기

- 빨강, 노랑, 파랑으로 면을 한 칸씩 번갈아 가며 색칠합니다.
- 채색이 끝나면 검정색 매직으로 선을 따라 그립니다.

활용 Tip

- 칸을 색칠할 때 가급적이면 바로 옆칸, 윗칸, 아랫칸에는 같은 색을 칠하지 않도록 지도하세요.
- 한 칸에 두 가지 색을 사용하거나 세 가지 색을 모두 사용해도 좋습니다.

3. 라인 그리기

• 스케치의 라인을 따라 그립니다.

활용 Tip

• 아이들이 점묘화법을 통한 명암 표현을 어려워할 경우 빛의 방향을 먼저 정한 다음 빛을 받지 않는 부분, 음영이 진 부분 등에 영역을 설정한 후 점을 찍을 수 있도록 지도하세요.

4. 마무리하기

• 빈 공간에 그림과 같이 수직선과 수평선을 그어서 작품을 완성합니다.

활용 Tip

• 촘촘한 선, 빽빽한 선, 얇은 선, 굵은 선 등 다양한 선을 사용하여 표현할 수 있도록 지도하세요.
• 동일한 굵기와 간격의 선을 한쪽 방향으로 그을 경우 작품의 개성이 떨어집니다. 획일화에서 벗어나 다양한 수직선과 수평선을 활용할 수 있도록 지도하세요.
• 곡선을 사용하지 않도록 합니다.

새롭게 알게 됐어요

■ 수평

물체가 어느 한 쪽으로 기울어지지 않은 평평한 상태를 말합니다.

■ 수직

두 직선이 서로 만나서 직각을 이루는 상태를 말합니다.

❶ 직선 : 양쪽으로 늘어진 곧은 선을 말합니다.

❷ 각 : 교차하는 선분이 벌어진 정도를 나타내는 양입니다.

■ 선

점이 연속되어 이루는 기본 조형 요소입니다.

■ 신조형주의(데 스테일)

네덜란드에서 시작된 예술 운동이자 네덜란드의 화가 몬드리안을 비롯하여 디자이너, 작가, 비평가 등이 함께 출판한 잡지의 이름이기도 합니다. 수직과 수평으로 시각적인 구성을 단순화하였고 원색만을 사용하여 작품을 만드는 것이 특징입니다

■ 피에트 몬드리안

네덜란드 출신의 화가로 '데 스테일' 운동을 이끌었으며 신조형주의를 개발했습니다. 추상 회화의 선구자로 불리는 작가입니다. 자연 현상이나 사물을 있는 그대로 그리기보다는 주로 직선이나 직각, 삼원색과 무채색을 사용해 작품을 만들었으며 이를 통해 '질서와 균형의 아름다움'을 표현하고자 했습니다. 동료 화가들과 함께 '데 스틸'이라는 미술 잡지를 만들어서 추상 미술을 알리기도 했습니다..

CHAPTER 06

다양한 미술의 세계

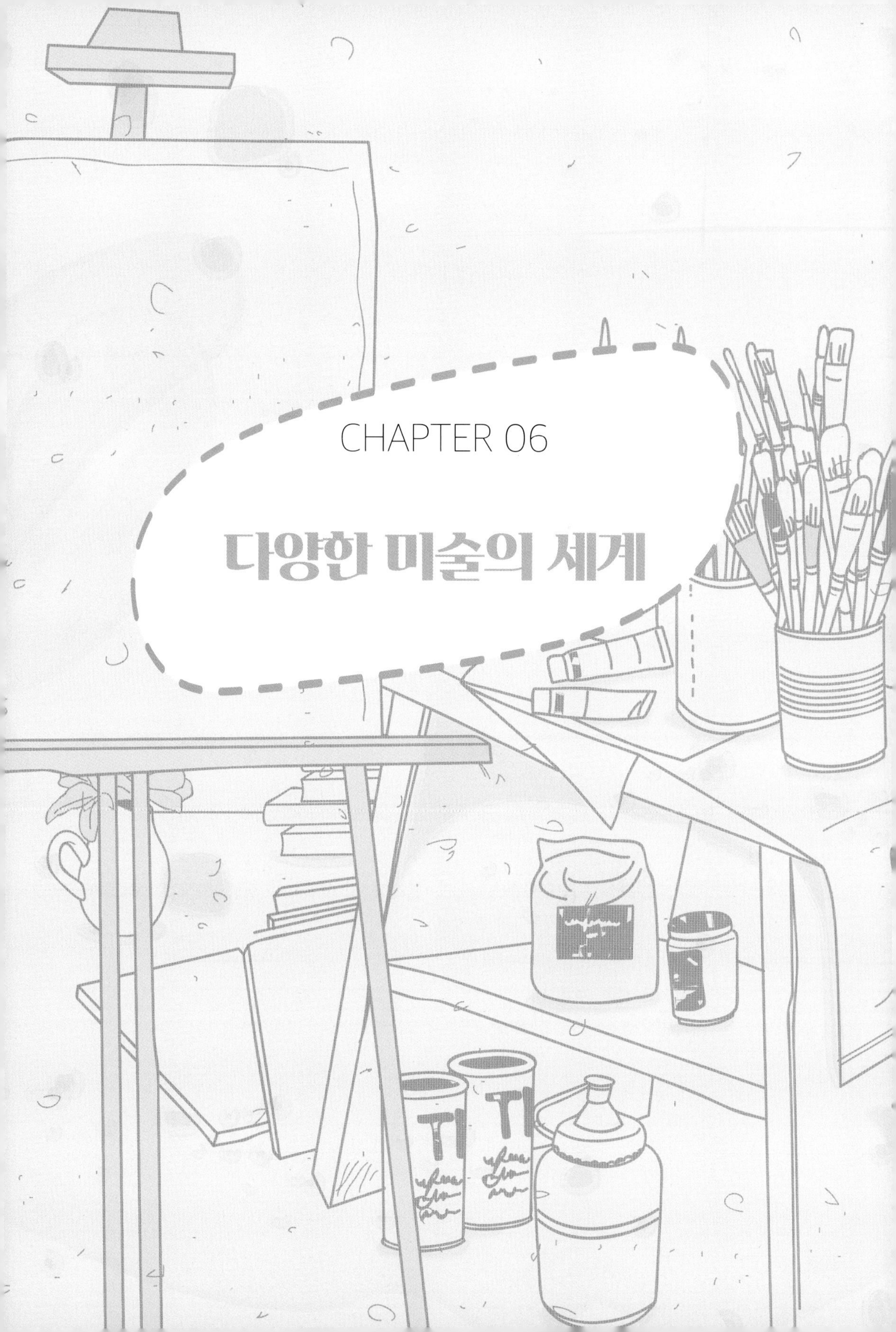

먹고 싶은 브런치

무엇을 배울까요?

① 나만의 멋진 접시를 디자인해 봅니다.

② 푸드 스타일링을 통해 미적 감각을 길러 봅니다.

③ 투명 수채화와 불투명 수채화의 차이점을 알아 봅니다.

준비해 보아요

도화지, 연필, 지우개, 펜, 채색 도구

1. 도입

평소 아침을 잘 챙겨 먹는 편인가요? 아침과 점심을 합쳐서 간단하게 먹는 것을 '아점', 혹은 '브런치'라고 부릅니다. 오늘은 내가 먹고 싶은 브런치를 떠올리면서 작품을 만들 거에요.

2. 전개

① 아침을 잘 챙겨 먹는 편인가요?
② 점심을 잘 챙겨 먹는 편인가요?
③ 브런치를 자주 먹는 편인가요?
④ 부모님이 밥상을 차릴 때 도와드린 적 있나요?
⑤ 접시 위에 음식을 놓아 본 적이 있나요?
⑥ 푸드 스타일링이라는 단어를 들어 본 적 있나요?
⑦ 푸드 스타일링은 무엇일까요?
⑧ 만약 푸드 스타일링을 한다면 어떤 음식으로 하고 싶은가요?

3. 마무리

내가 먹고 싶은 브런치를 떠올려 보고 커다란 접시 위에 음식을 아름답게 배치하여 멋진 푸드 스타일링을 완성해 봅니다.

자, 시작해 볼까요?

1. 스케치하기

• 내가 먹고 싶은 브런치를 스케치합니다.

활용 Tip

• 접시를 커다랗게 그립니다. 접시를 작게 그리면 주제가 불명확해진다는 것을 반드시 명시하여 주제를 부각시킬 수 있도록 합니다.
• 주제가 되는 접시를 가운데 크게 그리고 음료, 컵, 나이프, 소금 같은 부주제는 접시 주변에 적절히 배치하여 그릴 수 있도록 지도하세요.
• 주제 부분을 확실히 알 수 있도록 배치해 주세요.

2. 채색하기

• 주제 부분만 불투명 수채화 기법으로 색칠합니다.

3. 꾸미기

- 명암 표현을 해 줍니다.
- 접시 테두리를 그림과 같이 예쁘게 꾸며 줍니다.

4. 라인 그리기

- 나머지 부분은 네임펜으로 라인을 따라 그립니다.
- 빗금으로 명암을 표현합니다.

5. 마무리하기

• 무채색으로 배경을 색칠합니다.

활용 Tip

• 주제 부분이 부각될 수 있게 배경은 무채색으로 색칠합니다.
• 친구들과 나의 푸드 스타일링을 비교해 보고 친구들은 어떤 음식을 선택했는지, 음식을 접시 위에 어떻게 배치했는지, 접시와 음식의 조화는 어떤지 이야기를 나눠 봅니다.
• 나의 작품을 실제로 레스토랑에서 판매한다면 금액을 얼마나 책정할지 이야기해 봅니다.

새롭게 알게 됐어요

■ 수채화

여러 가지 안료를 물에 개거나 풀어서 그리는 그림을 말합니다. 주로 물감을 사용합니다.

❶ 투명 수채화 : 명도 조절에 주로 물을 사용합니다. 흰색 물감을 사용하지 않아 전체적으로 맑은 분위기입니다.

❷ 불투명 수채화 : 명도 조절에 주로 흰색 물감을 사용합니다. 그림이 전체적으로 무겁고 선명하며 유화와 비슷한 분위기입니다.

■ 푸드 스타일링

음식을 이용하여 꾸미는 것을 통틀어 일컫는 말입니다. 테이블 공간을 연출하거나 음식의 전체적인 조화가 잘 어울리는지 확인하고 조리사가 만든 요리의 특징을 파악하여 어울리는 그릇에 담는 일 따위를 말합니다.

■ 브런치

아침 식사와 점심 식사 사이에 먹는 이른 점심 식사를 말합니다.

글리치 아트를 알아보자

무엇을 배울까요?

① 글리치 아트에 대해 알아봅니다.

② 기계적인 오류와 예술의 만남이 빚어낸 작품들을 감상해 보고 나의 작품 속에 적용해 봅니다.

준비해 보아요

도화지, 연필, 지우개, 칼, 가위, 컷팅 매트, 풀, 색지, 채색 도구, 시청각 자료(다양한 글리치 아트 작품 사진, 컴퓨터나 텔레비전 등의 오류 사진)

생각상자를 열어 보아요

1. 도입

오늘은 컴퓨터 게임을 하거나 텔레비전을 볼 때 기계적인 오류나 결함이 생겼던 경험에 대해 이야기를 나눌 거예요.

2. 전개

① 평소 컴퓨터 게임 하는 것을 좋아하나요?

② 컴퓨터 게임을 하다가 갑자기 화면이 멈추거나 뒤틀린 적 있나요?

③ 그럴 때 컴퓨터 화면이 어떤 모양으로 변했나요?

④ 오류란 무엇일까요?

3. 마무리

컴퓨터 게임을 하다가 오류가 났던 경험을 떠올려 보면서 오류를 이용한 미술 작품을 만들어 봅니다.

자, 시작해 볼까요?

1. 스케치하기

• 표현 대상을 선택한 후 자유롭게 스케치합니다.

활용 Tip

• 풍경화나 정물화를 그리기보다는 텔레비전 화면, 컴퓨터 화면, 라디오, 핸드폰 등의 매체와 관련된 주제를 선택하면 주제 의식을 더욱 더 살릴 수 있습니다.

2. 색칠하기

• 원하는 채색 도구를 이용하여 자유롭게 색칠합니다.
• 채색이 끝나면 그림과 같이 라인을 따라 그립니다.

활용 Tip

• 글리치 아트의 특징이 더욱 살아나도록 파스텔 계열의 색이나 무채색은 지양하고 되도록이면 원색을 사용합니다.
• 여러 가지 색상을 사용하여 작품을 색칠하도록 지도하세요.

3. 자르기

• 칼을 이용하여 그림을 컷팅합니다.

활용 Tip

• 촘촘한 간격으로 컷팅합니다.
• 책상이나 책받침이 손상되지 않도록 컷팅 매트를 깔고 작업합니다.
• 컷팅할 때 반드시 자를 사용하여 반듯하게 컷팅하도록 합니다.
• 칼을 사용할 때는 반드시 안전 장갑을 착용하도록 지도하세요.

4. 마무리하기

• 색지 위에 그림을 지그재그로 붙입니다.

활용 Tip

• 위에서 아래 순으로 차례차례 붙여 줍니다.
• 작품이 색지 밖으로 벗어나지 않도록 주의하세요.
• 친구들과 나의 작품을 비교해 보고 친구는 어떻게 글리치 아트를 표현했는지 살펴봅니다.

새롭게 알게 됐어요

■ 글리치

시스템이나 기계의 일시적인 오류를 일컫는 말입니다.

■ 글리치 아트

시스템이나 기계의 일시적 오류를 작품이나 예술로 승화시킨 것을 말합니다. 2018년 디자인 트렌드로 떠오르기도 했습니다.

■ 오류

사고의 내용과 대상이 일치하지 않는 사유 판단을 말합니다.

■ 지그재그

Z자 모양으로 엇갈리게 놓거나 경사지게 중복시킨 무늬를 말합니다.

과일로 표현하는 자화상

무엇을 배울까요?

① 아르침 볼도의 작품 세계를 탐구해 봅니다.

② 평면과 입체의 차이점에 대해 배워 봅니다.

③ 조형에 대해 이해해 봅니다.

④ 과일의 형태와 특징을 활용하여 나의 얼굴을 표현해 봅니다.

준비해 보아요

다양한 색의 지점토, 말린 과일(직접 과일을 건조시키거나 인터넷으로 구입), 완두콩, 마끈, 송곳, 채색 도구, 시청각 자료(말린 과일을 이용한 미술 작품 사진, 아르침 볼도의 작품 사진 등)

생각상자를 열어 보아요

1. 도입

평소 거울을 얼마나 들여다보는 편인가요? 오늘은 거울 속 나의 얼굴을 조금 특별한 방법으로 표현할 거예요.

2. 전개

① 거울 속 나의 모습은 어떻게 생겼나요?

② 나의 모습을 그려 본 적 있나요?

③ 지점토를 사용해 본 적 있나요? 무엇을 만들었나요?

④ 지점토로 나의 얼굴을 만들어 본 적 있나요?

3. 마무리

지점토를 사용하여 나의 얼굴을 만들어 보고, 과일의 형태와 특징을 살려서 자화상을 만들어 봅니다.

자, 시작해 볼까요?

1. 얼굴 만들기

- 지점토로 전체적인 형태를 만듭니다.
- 위쪽에 끈을 끼울 수 있도록 송곳으로 구멍을 뚫어 줍니다.

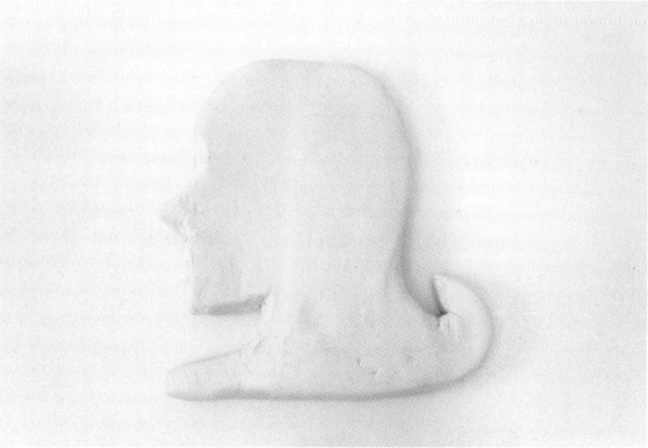

활용 Tip

- 주름이 생기지 않도록 손으로 잘 다듬어 주세요.
- 옆모습을 만들 경우 눈, 코, 입을 입체로 표현할 수 있기 때문에 입체감을 더욱더 살릴 수 있습니다.

2. 말린 과일 붙이기

- 말린 과일과 지점토를 활용하여 아래와 같이 작품을 꾸며 줍니다.

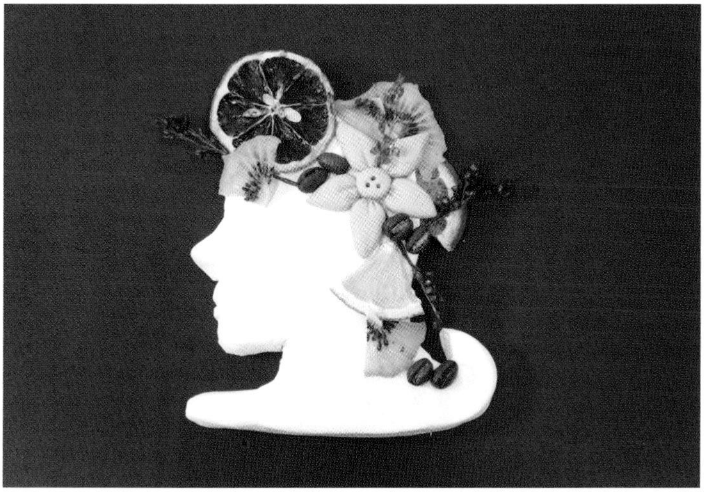

활용 Tip

- 과일의 종류가 많을수록 작품이 더욱 풍성하고 화려해집니다.
- 말린 과일의 종류가 적을 경우 친구들 5~6명과 서로 공유하도록 합니다.

3. 얼굴 꾸미기

• 점토가 마르고 난 후 채색 도구를 사용하여 꾸며 줍니다.

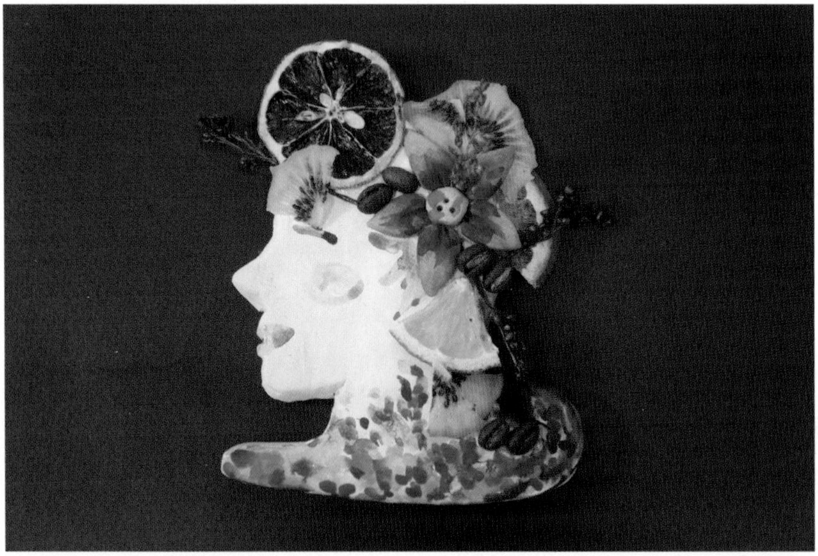

활용 Tip

• 마르지 않은 점토를 색칠할 경우 형태가 망가지지 않도록 조심스럽게 다루도록 지도하세요.

4. 문패 만들기

• 테라 지점토로 작은 직사각형을 만듭니다.

• 송곳으로 양쪽 상단에 구멍을 뚫어 줍니다.

활용 Tip

• 테라 지점토가 없는 경우 얼굴을 만들고 남은 지점토를 활용하거나 친구들과 나누어 사용하도록 지도하세요.

5. 문패 꾸미기

- 문패가 마르고 난 후 네임펜을 사용하여 원하는 문구를 씁니다.
- 채색 도구를 사용하여 꾸며 줍니다

활용 Tip

- '노크해 주세요, 화장실, 내 방' 등 문패에 용도에 맞는 문구를 자유롭게 적습니다.

6. 건조하기

- 완성 후 작품을 충분히 건조합니다.

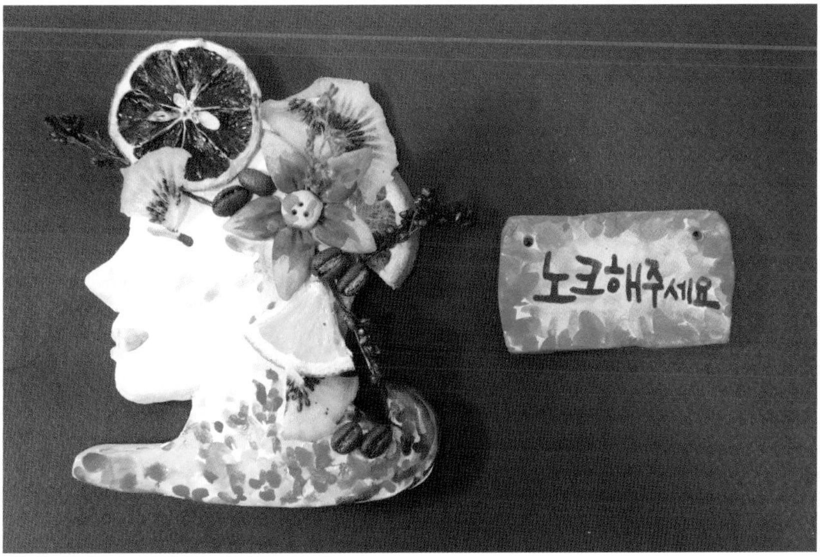

활용 Tip

- 2~3일 정도 충분히 말린 후 집에 가져가도록 합니다.
- 작품이 완전히 건조되지 않은 경우 이동 시 망가질 수 있으니 주의하세요.

6. 마끈 연결하기

• 그림과 같이 마끈을 연결하여 원하는 곳에 걸어 줍니다.

활용 Tip

• 작품이 바닥에 떨어져 망가지지 않도록 매듭을 튼튼하게 매도록 합니다.
• 친구들과 나의 작품을 비교해 보고 친구들은 말린 과일을 어떻게 활용했는지 살펴봅니다.

새롭게 알게 됐어요

■ 아르침 볼도

16세기 후반 비엔나와 프라하의 신성로마제국 궁정에서 주로 활동한 밀라노 출신의 화가입니다. 당시 궁정 화가들은 일반적으로 황제와 왕족의 초상화 제작을 주 업무로 하였으나 아르침 볼도는 계절, 원소, 직업과 관련된 사물을 조합한 작품들로 인기를 끌었습니다. 아르침 볼도의 '조합 두상들'은 오늘날까지도 현대 미술계에 귀감을 주는 작품으로 남아 있습니다.

■ 조형

다양한 재료를 이용하여 만들어 낸 구체적인 형태 혹은 형상을 의미합니다.

■ 평면

평평하게 펼쳐져 있는 면을 말하며 입체의 구성 요소 중 하나입니다.

■ 입체

여러 개의 평면이나 곡면으로 둘러싸인 부분을 말합니다.

기계 나라의 동물들

무엇을 배울까요?

① 매커니즘의 의미를 배워 봅니다.

② 살아 있는 동물을 기계화하여 그려 봅니다.

③ 로봇을 디자인해 봅니다.

준비해 보아요

도화지, 연필, 지우개, 마커, 매직, 채색 도구, 동물 사진, 기계 사진(기계 장치의 내부가 잘 보이는 사진 위주로 준비)

생각상자를 열어 보아요

1. 도입

오늘은 우리 친구들이 좋아하는 동물을 그릴 거예요. 그런데 이 동물들은 아주 특별한 나라에 살고 있습니다. 바로 모든 것이 기계로 이루어진 기계 나라에 사는 동물들입니다.

2. 전개

① 내가 가장 좋아하는 동물은 무엇인가요? 그 이유는 무엇인가요?

② 내가 좋아하는 동물을 로봇으로 만들 수 있다면 어떤 능력을 가진 로봇으로 만들고 싶나요?

③ 내가 좋아하는 동물은 어떤 음식을 먹나요?

④ 로봇이 된 동물은 어떤 음식을 먹을까요?

⑤ 내가 좋아하는 동물은 피곤하거나 휴식이 필요할 때 어떤 행동을 하나요?

⑥ 로봇이 된 동물은 에너지가 방전되었을 때 무엇이 필요할까요?

⑦ 만약 지구상의 모든 동물이 기계가 된다면 어떤 일이 벌어질까요?

⑧ 기계를 좋아하나요?

⑨ 기계는 무엇을 동력으로 이용해서 움직이거나 작동하나요?

⑩ 기계 나라의 동물들은 먹이 사슬 없이 사이좋게 공존할 수 있을까요?

3. 마무리

내가 좋아하는 동물을 선택한 후 로봇으로 만들어 보고, 내가 만든 동물 로봇이 어떤 매커니즘으로 움직이는지 친구들과 이야기를 나눠 봅니다.

자, 시작해 볼까요?

1. 스케치하기

- 기계화하고 싶은 동물 하나를 선택합니다.
- 종이 위에 동물의 외곽선과 배경을 그립니다.

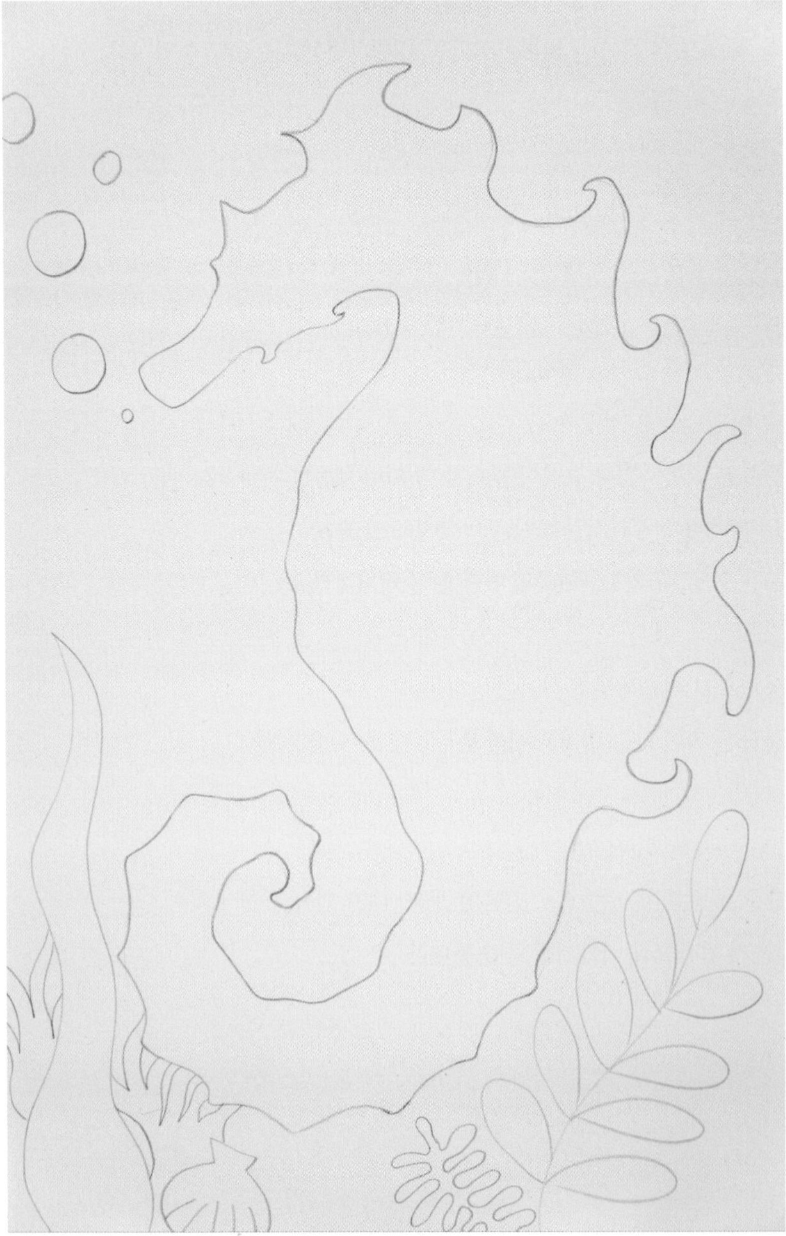

활용 Tip

- 주제 부분에 해당하는 동물을 가운데 크게 그리도록 합니다.
- 동물의 외곽선만 그리도록 합니다.

2. 기계 장치 그리기

• 그림과 같이 기계 장치를 그립니다.

활용 Tip

• **어떤 부분이 어떤 원리로 동작하는지 상상하면서 그려 봅니다.**
(꼬리 부분에 동력을 전달하는 구동 장치가 있어 꼬리를 움직일 때마다 각 기관으로 에너지가 전달됩니다 등)

• **과학적 근거가 없는 상상이어도 아이들의 표현을 존중해 주세요.**

3. 라인 그리기

• 네임펜으로 라인을 따라 그립니다.

4. 마무리하기

• 물감, 마커, 매직 등을 사용하여 색칠합니다.

활용 Tip

• **친구들에게 나의 작품을 소개합니다.**
(이름은 무엇인지, 어떤 매커니즘을 통해 어떻게 움직이는지, 에너지를 충전할 때 어떤 방법을 사용하는지 등)

새롭게 알게 됐어요

■ 매커니즘

어떤 사물의 구조나 작용 원리를 말합니다.

■ 로봇

주어진 일을 자동으로 처리하거나 작동하는 기계를 말합니다. 반복적이고 위험한 노동에서 인간의 노동력을 대신하고 삶에 편의를 가져다 주기 위한 목적으로 만들어졌습니다.

■ 기계

동력을 사용하여 움직이거나 일하는 장치를 말합니다.

운동화 디자인

무엇을 배울까요?

① 나만의 감각적이고 멋진 운동화를 디자인해 봅니다.

② 콜라주 기법을 배워 보고 새로운 기법을 활용하여 작품을 꾸며 봅니다.

③ 모자이크 기법을 활용하여 작품을 꾸며 봅니다.

준비해 보아요

도화지, 연필, 지우개, 채색 도구, 콜라주 재료(천, 스티커, 큐빅, 잡지, 반짝이 등), 운동화 사진

생각상자를 열어 보아요

1. 도입

지금 어떤 신발을 신고 있나요? 운동화를 신고 있나요? 오늘은 나의 운동화와 친구들의 운동화를 관찰해 보고 나만의 독특하고 멋진 운동화를 디자인할 거예요.

2. 전개

① 내가 지금 신고 있는 신발 한 짝을 벗고 이리저리 살펴봅니다.

② 내 신발은 어떤 신발인가요? 운동화인가요 아니면 구두인가요?

③ 내 신발에서 재미있는 부분을 찾아봅니다. 어떤 부분이 재미있나요?

④ 내 신발의 어떤 부분이 가장 마음에 드나요?

⑤ 내가 갖고 있는 신발 중 가장 마음에 드는 신발은 어떤 것인가요? 이유는 무엇인가요?

3. 마무리

내가 신고 싶은 신발, 갖고 싶은 신발을 종이 위에 그려 보고 재미있는 재료들을 활용하여 디자인을 완성합니다.

자, 시작해 볼까요?

1. 스케치하기

- 도화지에 내가 신고 싶은 운동화와 배경을 스케치합니다.
- 펜으로 라인을 따라 그립니다.

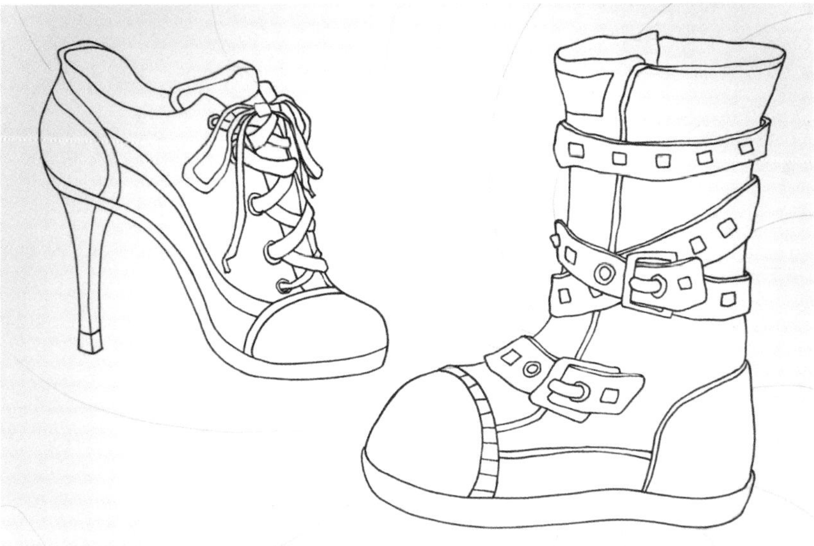

활용 Tip

- 운동화 외에도 구두, 하이힐, 슬리퍼, 상상 속의 신발, 실내화 등 다양한 종류의 신발을 선택하여 디자인하면 수업 내용이 더욱 풍부해집니다.
- 전체적인 형태를 먼저 그린 후 세부적인 형태를 그리도록 지도하세요.
- 아이들이 운동화 그리기를 어려워할 경우 실제 사진을 보여 주세요.

2. 운동화 꾸미기

- 채색 도구를 사용하여 운동화를 색칠합니다.
- 준비한 콜라주 재료를 붙여서 운동화를 꾸며 줍니다.

활용 Tip

- 운동화의 일부는 채색 도구로, 일부는 콜라주 기법으로 꾸며 주세요.
- 색지나 잡지를 손으로 찢은 후 그림과 같이 붙이면 멋진 모자이크 기법이 완성됩니다.

3. 배경 색칠하기

• 물감과 색연필을 사용하여 색칠합니다.

활용 Tip

• 운동화가 부각될 수 있도록 1~2가지 색상을 이용하여 색칠해 줍니다.
• 배경이 지나치게 화려할 경우 운동화가 눈에 잘 띄지 않습니다.
• 배경은 콜라주 기법을 사용하지 않고 가급적이면 물감과 색연필을 이용해 채색할 수 있도록 지도하세요.

4. 마무리하기

- 네임펜, 볼펜 등을 사용하여 작품을 꾸며 줍니다.

활용 Tip

- 친구들과 나의 작품을 비교해 보고, 친구들의 작품 속에서 콜라주 기법을 활용한 부분을 찾아봅니다.
- 친구는 어떤 재료를 사용하여 어떤 패턴을 만들었는지 살펴봅니다.
- 친구들에게 내가 디자인한 운동화를 소개하는 시간을 가져 봅니다.

새롭게 알게 됐어요

■ 콜라주

'풀로 붙인다'라는 의미의 프랑스어 'coller'에서 유래되었습니다. 근대 미술에서 볼 수 있는 특수한 기법 중 하나로 1912~1913년경 브라크와 피카소 등의 입체파들이 유화의 한 부분에 벽지, 악보, 신문지 등의 인쇄물을 풀로 붙여서 표현한 '파피에 콜레'가 발전하여 현재의 콜라주가 되었습니다.

■ 모자이크

여러 가지 색상의 유리 조각, 돌, 도편 등을 석회나 시멘트 등으로 평면 위에 접착시켜 그림을 표현하는 기법입니다.